READINGS IN CZECH

Michael Heim
Zlata Meyerstein
Dean Worth

UCLA Slavic Studies
Volume 13

READINGS IN CZECH

**Michael Heim
Zlata Meyerstein
Dean Worth**

Slavica Publishers, Inc.
1985

Slavica publishes a wide variety of books and journals dealing with the peoples, languages, literature, history, folklore, and culture of the peoples of Eastern Europe and the USSR. For a complete catalog with prices and ordering information, please write to:

Slavica Publishers, Inc.
P.O. Box 14388
Columbus, Ohio 43214
USA

ISBN: 0-89357-154-7.

Text set by Randy Bowlus at the East European Composition Center, supported by the Department of Slavic Languages and Literatures and the Center for Russian and East European Studies at UCLA.

Printed in the United States of America.

CONTENTS

FOREWORD

Readings in Czech is for students who have mastered the rudiments of Czech grammar. It introduces them to a body of Czech texts widely divergent in style and subject matter. Each selection is prefaced by a brief description of its source and context. A small number of the non-literary readings have undergone minor editing (mostly by deletion rather than addition or change); they will be identified in the preface. After working through the selections and memorizing the basic vocabulary words, students will be able to read most Czech texts without difficulty.

For the historian the reader offers an outline of Czech history by one of the deans of Czech historiography, excerpts from Czech translations of Cosmas's *Chronica Bohemorum* and Charles IV's autobiography, selections about Hus and Comenius, an essay comparing Masaryk and Beneš, Masaryk's own essay on Communism, a sketch of early Czech emigration to America, a passage from Fučík's *Report from the Gallows,* and a textbook account of the Slovak National Uprising. For the social and political scientist it contains the 1962 statutes of the Communist Party and "Two Thousand Words" — the most controversial document of the 1968 movement. For the linguist there are articles on the differences between Czech and Slovak, the formation of the modern Czech lexicon, the structure of modern colloquial Czech, and examples of Slovak and Old Czech. The student of literature will find an essay on Prague School poetics by Mukařovský, Masaryk's view of Tolstoy, and reflections on Kafka's Czech ties.

Although some of these readings are necessarily specialized, none are so technical as to discourage the uninitiated. Furthermore, they occur side by side with abundant examples of Czech poetry, prose, folklore, and songs, and such items of general interest as a letter written by Dvořák from New York and an analysis of the techniques of an important practitioner of the Czech cinema's new wave.

Since the main goal of *Readings in Czech* is to increase reading fluency, the texts are arranged according to level of difficulty, not content. The order is not meant to be rigid, however, for the difficulty a student has with a given text depends largely on such extrinsic factors as the length and character of his training in the language, the interest he brings to the subject matter, etc.

The glossary comprises approximately 2,500 of the most common Czech words, culled mainly from *Frekvence slov, slovních druhů a tvarů v českém jazyce* (Prague 1961) and supplemented by the vocabulary lists of several elementary Czech grammars and a modicum of grammatical terminology.

Pertinent morphological information accompanies each entry. All words that do not figure in the glossary are defined on the page where they appear. The purpose of this system is twofold: first, it saves students the time of thumbing through dictionaries for words they are unlikely to meet again soon; and second, it provides them with a guide to high-frequency words, words they ought to be learning first.

Readings in Czech was prepared for the Center for Applied Linguistics, Washington, D.C. under a contract with the United States Office of Education supervised by Mrs. Julia Petrov. Randy Bowlus and Kathleen McDermott helped to prepare and proofread the text. It is a pleasure to thank these institutions and colleagues here.

University of California,   Michael Heim
Los Angeles   Zlata Meyerstein
                                                     Dean S. Worth

Česká přísloví a současné české aforismy

The traditional proverbs form part of the collection *Mudrosloví* (a now rarely used word meaning "folk wisdom" or "a collection of proverbs"), compiled by F. L. Čelakovský and first published in 1851. The aphorisms—by Milan Růžička, Gabriel Laub and Oldřich Fišer—are characteristic of contemporary Czech light humor.

PŘÍSLOVÍ

Co na srdci, to na jazyku.
Přítel jest, kdo pravdu mluví, ne kdo pochlebuje.[1] [1]flatter
Kdo sám cti nemá, jinému ji nedá.
Kdo mlčí, přiznává se.
5 Lež má krátké nohy.
Kdo pospíší, dvakrát dává.
Hodina před půlnocí lepší, než dvě po půlnoci.
Kdes rád viděn, zřídka bývej, kde nerad, nikdy. a seldom
Hněv a jazyk na uzdě[2] měj! [2]bridle a anger
10 Kdo každého poslouchá, zle činí; kdo nikoho, 1 does 2 worse
ještě hůře.
Hlad a práce výborné koření.[3] [3]spice, a excellent
V neštěstí se rozum poznává. neštěstí misfortune
Po vojně hrdin mnoho bývá. hrdina = hero
15 Cizího nepožádám a svého nedám.
Co se ti na jiných nelíbí, na sobě netrp.
Na chudých svět stojí.
Kdo chce okusiti[4] sladkého, musí okusiti hořkého. [4]have a taste of
U rolníka černé ruce a chlebíček bílý. rolník peasant
20 Kdo jinému jámu[5] kopá, sám do ní padá. [5]pit 1 dig
Lepší kousek chleba než cizí pečeně.[6] [6]roast než than
Čiň čertu dobře, peklem se ti odmění. reward čiň act, feat
Jak si kdo ustele,[7] tak si lehne. [7]make one's bed
Raději rozumem, než sochorem.[8] [8]crowbar
25 Řeč na váze měř, málokomu věř.
Kdo dva zajíce[9] honí, žádného nechytí. [9]rabbit
Kdo vysoko létá, nízko sedá.
Dvěma pánům těžko sloužiti. complicated
Kde samá hostina,[10] tam nedaleko hlad. [10]feast
30 Pěkné slovo železná vrata otvírá.

Jak se do lesa volá, tak se z lesa ozývá.

Kdo sám se honosí,[11] v hlavě mnoho nenosí.

Zdraví hlava všeho.

[11]brag

AFORISMY

35 Aforismus: literární útvar, který proti jiným do-
kazuje, že voloviny[12] lze psát i stručně.

Abychom některé lidi nepřivedli do rozpaků, je
lépe ptát se jich, kde jsou zaměstnáni, než co dělají.

Rodinná procházka: kompromis mezi návštěvou
40 hostince a přítelkyně.

Umělec a zločinec[13] bývají často objeveni teprve
tehdy, když udělají něco špatného.

Až budou všichni brýlatí[14] nosit kontaktní čočky[15]
přímo v očích, jak potom probůh[16] poznám in-
45 teligenta?[17]

Každý hoch rád podrobně vypráví dívce o své
práci. Někdy jsme překvapeni, kolika oborům
poměrně mladá dívka rozumí.

Škoda, že někteří lidé píší své paměti až v době,
50 kdy jim už paměť špatně slouží.

Nemám rád, když mě někdo obdivuje. A když už,
tak ať to proboha[16] nedělá mezi čtyřma očima.[18]

Obyčejný vůl je přece sympatické zvíře; nic nepřed-
stírá a nikomu neškodí. A tyto voly zabíjíme.

55 „Spadnout z pátého poschodí, to nic není," řekl
liftboy. „Já jsem býval ředitelem . . ."

My všichni v každodenním[19] shonu[20] píšeme ději-
ny. Píšeme jak umíme—a jednou je někdo upraví[21]
a dá přepsat.[22]

60 Kadeřník[23] je člověk, který se musí něčemu učit,
než mu svěříme[24] do rukou své hlavy.

Existuje spousta satiriků, kteří chtějí být jedovatí,[25]
ale jsou jen otravní.[26]

Kdo dřív přijde—ten se tolik nepomlouvá.[27]

65 Důležitým činitelem v poezii je fantazie. Kdysi ji
musel mít básník, dnes čtenáři![28]

Rádio přispělo značnou měrou k tomu, že se
lidové písně rozšířily mezi lid.

[12]nonsense

[13]criminal

[14]a person who wears glasses

[15]lens [16]for heaven's sake

[17]intellectual

[18]in private

[19]daily [20]rush

[21]correct

[22]rewrite

[23]barber

[24]entrust

[25]poisonous; biting

[26]poisonous; boring

[27]be gossiped about

[28]reader

Slovenské národní povstání

This account of the Slovak National Uprising near the end of World War II comes from *Vlastivěda pro pátý ročník Základní devítileté školy* (Prague 1963) by Bohumil Říha. *Vlastivěda* is the study of the history, geography, and general culture (art, music, literature, folklore, technology, etc.) of one's native country. The *Základní devítiletá škola* is the elementary school all Czech children attend. Since the book in which this selection appears is for the fifth year, it is aimed at eleven-year-olds.

Partyzánské oddíly[1] bojovaly proti fašistům nejenom v Sovětském svazu, ale i v jiných zemích. Také na Slovensku odešlo dost mužů do horských lesů. S pomocí místního obyvatelstva potom bo-
5 jovali jako partyzáni. Pomáhali jim i zkušení partyzáni sovětští, kteří seskakovali[2] jako parašutisté ze sovětských letadel. Často se stávali veliteli slovenských partyzánských oddílů.[1]

V létě 1944 partyzánská válka na středním a
10 východním Slovensku vrcholila.[3] Proti slovenským partyzánům nastoupila německá armáda. Vstup tohoto vojska na území Slovenska 29. srpna 1944 podnítil[4] celonárodní ozbrojené[5] povstání. Partyzáni se spojili se slovenskými vojáky i s ostatním
15 obyvatelstvem a zmocnili[6] se celého středního Slovenska. Střediskem[7] povstání se stala Banská Bystrica, jejíž rozhlasová stanice oznámila celému světu obnovení[8] Československé republiky. V obcích začaly pracovat národní výbory, které se z
20 podnětu komunistů tajně vytvořily ještě před povstáním. V čele povstání stála Slovenská národní rada.

Fašisté se snažili povstání potlačit.[9] Silné německé jednotky brzy zahájily se všech stran útok proti
25 osvobozenému území. Na obranu svobody nastoupily do boje desetitisíce slovenských vlastenců v čele s[10] komunisty. Byli zde také Češi, byli i příslušníci jiných národů. Zvlášť účinně pomáhal slovenským bojovníkům Sovětský svaz. Jeho leta-
30 dla dopravila na Slovensko zkušené velitele, vojá-

[1]detachment

[2]jump

[3]reach one's height

[4]incite [5]arm

[6]seize

[7]center

[8]restoration

[9]suppress

[10]led by

ky z československé jednotky, četné zbraně, vý-
stroj,[11] potraviny[12] a léky.[13] Ale fašistických útoč-
níků[14] bylo mnoho, byli také lépe vyzbrojeni[15] a
vycvičeni.[16] Osvobozené území se za těžkých bojů
35 stále zmenšovalo. Padla i Banská Bystrica.

Komunističtí velitelé odvedli za prudkých sněho-
vých[17] vánic[18] tisíce bojovníků do slovenských hor.
Tam pokračoval partyzánský boj. Marně fašisté
vypalovali[19] horské vesnice a pobíjeli[20] jejich
40 obyvatele, kteří pomáhali partyzánům. Slovenský
lid věděl, že osvobození je blízké.

[1]equipment
[2]foodstuff [13]medicine
[14]invader [15]arm
[16]train

[17]snow [18]blizzard

[19]burn down [20]massacre

[handwritten: JOKE]

Excerpt from *Žert* by Milan Kundera

Milan Kundera's *Žert,* an intellectual's no-holds-barred account of life in post-war Czechoslovakia, first appeared in 1967. It has since won considerable popularity both inside and outside the country, and has been made into a successful film. The incident in the passage below constitutes the "joke" of the title and the hub of the entire novel.

[handwritten: similarte]

Asi měsíc před prázdninami jsem se začal sbližo-
vat[1] s Markétou (chodila do prvního, já do dru-
hého ročníku[2]) a snažil jsem se jí imponovat[3]
podobně hloupým způsobem, jakým se o to snaží
5 dvacetiletí mužové všech věků: nasazoval[4] jsem si
masku, předstíral jsem, že jsem starší (duchem a
zkušenostmi), než jsem byl, předstíral jsem, že
mám od všech věcí odstup,[5] že se dívám na svět z
výšky a že nosím kolem své kůže ještě jinou, nevi-
10 ditelnou[6] a neprůstřelnou[7] kůži. Tušil jsem (ostat-
ně správně), že žertování je srozumitelným[8] výra-
zem odstupu[5] a jestliže jsem žertoval vždycky rád,
žertoval jsem s Markétou zvlášť usilovně,[9] vyuměl-
kovaně[10] a únavně . . .
15 Soudruzi usoudili,[11] že Markéta potřebuje své nad-
šení posílit[12] vědomostmi o strategii a taktice revo-
lučního hnutí, a rozhodli, že se má o prázdninách
zúčastnit čtrnáctidenního stranického školení.
    To školení mi přišlo velice nevhod,[13] protože právě
20 v těch čtrnácti dnech zamýšlel[14] jsem být s Mar-
kétou sám v Praze a dovést náš vztah (který až
dosud pozůstával[15] z procházek, hovorů a několi-
ka polibků) k určitějším koncům; neměl jsem na
výběr než právě těch čtrnáct dnů (další čtyři týdny
25 jsem měl strávit na zemědělské brigádě a posled-
ních čtrnáct dnů prázdnin být u matky na Slovác-
ku), takže jsem nesl s bolestnou žárlivostí, když
Markéta nesdílela[16] můj smutek, na školení se
nijak nehněvala, ba dokonce mi říkala, že se na ně
30 těší.
    Ze školení (konalo se v jakémsi zámku uprostřed

[1]become friendly with
[2]year (of school)   [3]impress
[handwritten: teach]
[4]put on
[handwritten: pretend]
[5]distance

[6]invisible   [7]impervious
[8]easily understandable

[9]pressing
[10]affected
[11]determine   *[handwritten: a comrad]*
[12]fortify
[handwritten: a soul/political movement]

[13]come at a bad time
[14]intend   *[handwritten: relationship]*
[15]consist only

[handwritten: žárlit be jealous]
[16]share

[handwritten: in the middle]

Čech) mi poslala dopis, který byl takový jako ona
sama: plný upřímného souhlasu se vším, co žila,
všechno se jí líbilo, i ranní čtvrthodinka tělocvi-
35 ku,[17] referáty,[18] diskuse a písně, které tam zpívali;   [17]gymnastics   [18]report
psala mi, že tam vládne "zdravý duch", a ještě z
pilnosti připojila[19] úvahu o tom, že revoluce na   [19]append
Západě nedá na sebe dlouho čekat. Když se to tak
vezme,[20] souhlasil jsem vlastně se vším, co Mar-   [20]when all is said and done
40 kéta tvrdila, i v brzkou[21] revoluci v západní   [21]imminent
Evropě jsem věřil, jen s jedním jsem nesouhlasil:
aby byla spokojená z šťastná, když se mi po ní
stýskalo.[22] A tak jsem koupil pohlednici a (abych   [22]long for   'postcard
ji ranil, šokoval a zmátl) napsal jsem: Optimismus
45 je opium lidstva! Zdravý duch páchne blbostí. Ať
žije Trockij! Ludvík . . .
Mne telefonicky pozvali na stranický[23] sekretariát.   [23]Party
Od toho okamžiku si pamatuju všechno docela
podrobně: Byl slunný[24] den, vyšel jsem z budovy   [24]sunny
50 Svazu studentstva a cítil jsem, že smutek, jímž
jsem byl celé prázniny naplněn, ze mne zvolna   *slowly*
odpadává.[25] Muž má naštěstí kromě svých sou-   [25]drop off
kromých vášní i vášeň veřejné práce a já jsem byl   *passion*
rád, že mne tato vášeň bere opět do svých rukou,   *again*
55 takže šel na sekretariát s příjemnou zvědavostí.
Zazvonil jsem a dveře mi otevřel předseda výboru,
vysoký mladík s úzkou tváří, světlými vlasy a
ledově modrýma očima. Řekl jsem „čest práci",[26]   [26](Communist greeting)
on nepozdravil a řekl: „Běž dozadu, čekají tě
60 tam." Vzadu v poslední místnosti na sekretariátě
mne čekali tři členové stranického vysokoškolské-
ho výboru. Řekli, abych se posadil . . .
Seděl jsem tedy před třemi vysokoškoláky, kteří mi
položili první otázku: zda prý znám Markétu. Řekl
65 jsem, že ji znám. Ptali se mne, jestli jsem si s ní
dopisoval.[27] Řekl jsem, že ano. Ptali se mne, jestli   [27]correspond
si nepamatuju, co jsem jí psal. Řekl jsem, že si to
nepamatuju, avšak pohlednice s provokačním
textem mi v té chvíli vytanula[28] před očima a   [28]float out
70 já jsem začal tušit, oč jde. Nemůžeš si vzpome-   *have an inkling*
nout? ptali se mne. Ne, říkal, jsem. A co ti psala

Markéta? Pokrčil[29] jsem rameny, abych vzbudil
dojem, že mi psala o intimních věcech, o nichž tu
nemohu hovořit. Napsala ti něco o školení? ptali
75 se. Ano, psala, řekl jsem. Co ti o tom psala? Že se
jí tam líbí, odpověděl jsem. A co dál? Že jsou
dobré referáty[18] a dobrý kolektiv,[30] odpovídal
jsem. Psala ti, že vládne na školení zdravý duch?
Ano, řekl jsem, snad něco takového psala. Psala
80 ti, že poznává, co je to síla optimismu? ptali se
dál. Ano, řekl jsem. A co ty si myslíš o optimis-
mu, zeptali se. O optimismu? Co bych si o něm
měl myslit? ptal jsem se. Považuješ se sám za
optimistu? ptali se dál. Považuju, řekl jsem ne-
85 směle.[31] Mám rád legraci, jsem docela veselý člo-
věk, snažil jsem se slehčit[32] tón výslechu.[33] Veselý
může být i nihilista, řekl jeden z nich, může se
třeba smát lidem, kteří trpí. Veselý může být i
cynik, pokračoval. Myslíš si, že se dá vybudovat
90 socialismus bez optimismu? zeptal se jiný. Ne, řekl
jsem. Tak ty tedy nejsi pro to, aby se u nás
vybudoval socialismus, řekl třetí. Jak to? bránil
jsem se. Protože optimismus je pro tebe opium
lidstva, útočili. Jak to, opium lidstva? bránil jsem
95 se stále. Nevykrucuj[34] se, napsals to. Marx nazval
opiem lidstva náboženství, ale pro tebe je opium
náš optimismus! Napsals to Markétě. Byl bych
zvědav, co by na to řekli naši dělníci a úderníci,[35]
kteří překračují[36] plány, kdyby se dověděli, že je-
100 ich optimismus je opium, navázal[37] hned jiný. A
třetí dodal: Pro trockistu je budovatelský[38] opti-
mismus vždycky jen opiem. A ty jsi trockista.
Proboha,[39] jak jste na to přišli? bránil jsem se.
Napsals to nebo nenapsal? Snad jsem něco tako-
105 vého z legrace napsal, vždyť už jsou to dva měsíce,
nepamatuji se na to. Můžeme ti to připomenout,
řekli a četli mi mou pohlednici: Optimismus je
opium lidstva. Zdravý duch páchne blbostí! Ať
žije Trockij! Ludvík. Věty zněly v malé místnosti
110 politického sekretariátu tak strašně, že jsem se
jich v té chvíli bál a cítil jsem, že mají ničivou[40]

[29]shrug

' speak

[30]group

vláda government

[31]diffidently

[32]lighten [33]interrogation

[34]be evasive

[35]shock-worker
[36]exceed
[37]join in
[38]creative

[39]good Lord!

[40]ruinous

sílu, jíž neodolám. Soudruzi, to měla být legrace,
řekl jsem a cítil, že mi nikdo nemůže uvěřit. Je
vám to k smíchu? zeptal se jeden ze soudruhů
115 dvou dalších. Oba zavrtěli[41] hlavou . . . Pak se
mne zeptali, co všechno jsem z Trockého četl.
Řekl jsem, že nic. Zeptali se mne, kdo mi ty knihy
půjčoval. Řekl jsem, že nikdo. Zeptali se mne, s
jakými trockisty jsem se scházel. Řekl jsem, že s
120 žádnými. Řekli, že mne zbavují s okamžitou plat-
ností funkce na Svazu studentstva a požádali mne,
abych jim odevzdal klíče od místnosti. Měl jsem je
v kapse a dal jsem jim je. Potom řekli, že stranic-
ky[23] můj případ vyřeší má základní organizace na
125 přírodovědecké[42] fakultě. Vstali a dívali se mimo
mne. Řekl jsem „čest práci"[26] a šel jsem pryč.

[41]shake

[42]natural sciences

požadovat demand

Excerpts from the *Stanovy*[1] *KSČ*[2] *schválené*[3] *XII.*
sjezdem strany dne 8. prosince 1962

The language and style of this document are typical of Party documents and much of the daily press.

. . . Komunistická strana Československa po příkladu leninské komunistické strany Sovětského svazu vytvořila revoluční svazek dělníků, rolníků a pokrokové inteligence a v jeho čele dovedla pra-
5 cující lid naší země ke svržení[4] vykořisťovatelských[5] tříd, k vítízství socialismu. Po obětavém[6] boji proti fašistickým okupantům a po osvobození Československa Sovětskou armádou začal náš pracující lid v čele[7] s Komunistickou stranou
10 Československa budovat lidově demokratický stát. Pod vedením Komunistické strany Československa rozdrtila[8] dělnická třída v čele pracujících v únoru 1948 úklady[9] vnitřních nepřátel, kteří se s pomocí mezinárodní reakce pokusili o zvrat[10] tohoto vý-
15 voje. V boji s reakčními silami, jejichž porážkou se <u>upevnila</u>[11] a dále rozvinula diktatura proletariátu, byla také plně uvolněna cesta k budování socialistické společnosti. Naše země se změnila od samého základu. Navždy bylo odstraněno vyko-
20 řisťování člověka člověkem, výrobní prostředky se staly majetkem lidu, uplatňuje se zásada socialismu: „Každý podle svých schopností, každému podle jeho práce." Upevnila[11] se politická a morální jednota lidu, bratrství národů Čechů a Slováků
25 a ostatních národností, velikého rozvoje dosáhla kultura. Československý stát, ve který se zorganizoval pracující lid v čele[7] s dělnickou třídou, stal se lidovou organizací v nejvlastnějším slova smyslu —socialistickým státem. Socialistické výrobní vzta-
30 hy ve všech oblastech národního hospodářství zvítězily . . .
. . . Hlavním úkolem strany je další rozvoj socialistické společnosti s přípravou přechodu ke

[1]statute   [2]Czechoslovak Communist Party
[3]endorse

[4]overthrow
[5]exploiting   [6]self-sacrificing

[7]led by

[8]smash
[9]plot
[10]reversal

[11]consolidate

komunismu. Na této cestě se naše strana opírá o
35 ideje vyjádřené v programu Komunistické strany
Sovětského svazu, jehož principy mají mezinárod-
ní platnost, neboť program zobecňuje[12] zkušenosti   [12]generalize
celého mezinárodního komunistického hnutí.
Strana usiluje o stálý růst výroby, o rozmach[13]   [13]wide range
40 výrobních sil a na základě neustálého pokroku
vědy a techniky a prohlubování[14] a upevňování[11]   [14]intensify
socialistických výrobních vztahů. Soustřeďuje síly
lidu k plnění a překračování[15] úkolů státního ná-   [15]overfulfill
rodohospodářského plánu, dbá, aby se práce stala
45 první životní potřebou lidí a aby byly uspokojo-
vány rostoucí potřeby společnosti i potřeby vše-
stranného[16] rozvoje každého jejího člena.   [16]all-round
Strana usiluje o další rozvoj socialistické demo-
kracie, o stále širší účast občanů na řízení a
50 kontrole hospodářství i na správě veřejných zále-
žitostí. Pečuje[17] o rozvoj vzdělání a výchovy lidu   [17]take care of
v duchu komunistických idejí, neustále prohlubu-
je[14] politickou a morální jednotu společnosti. Při
veškeré své práci sleduje,[18] aby byly postupně   [18]attempt
55 odstraňovány rozdíly mezi fyzickou a duševní prací
i mezi městem a venkovem. Konečným cílem stra-
ny je vybudovat beztřídní komunistickou společ-
nost, v níž se bude uplatňovat nejvyšší zásada:
„Každý podle svých schopností, každému podle
60 jeho potřeb."
Strana se ve své práci řídí vědeckým světovým ná-
zorem, revolučním učením marxismu-leninismu,
které je základem její politiky a každodenní orga-
nizátorské činnosti. Tvořivě[19] rozvíjí marxismus-   [19]creative
65 leninismus, rozhodně[20] bojuje proti všem projevům   [20]resolute
buržoazní ideologie, proti revizionismu a dogma-
tismu.
Neporušitelným[21] základem života, výstavby a   [21]inviolable
veškeré činnosti strany je ideová a organizační
70 jednota, semknutost[22] jejích řad. Strana opírá svou   [22]solidarity
práci a důsledné dodržování[23] leninských norem   [23]adhere to
stranického života, a zásady demokratického cen-
tralismu, kolektivního vedení, kritiky a sebekri-

tiky, o všestranný[16] rozvoj vnitrostranické[24] de-
75 mokracie. Jakýkoli projev frakcionářství[25] a sku-
pinkaření[26] je s členstvím[27] v komunistické straně
neslučitelný.[28]
Komunistická strana Českloslovenska je nedíl-
nou[29] součástí mezinárodního komunistického a
80 revolučního dělnického hnutí. Aktivně přispívá k
upevňování[11] jeho jednoty na zásadách marxismu-
leninismu a v celé své činnosti uskutečňuje ideje
proletářského internacionalismu. Strana tvůrčím[30]
způsobem využívá bohatých zkušeností bratrských
85 komunistických a dělnických stran, především
Komunistické strany Sovětského svazu, osvědče-
ného[31] a uznávaného předvoje[32] světového komu-
nistického hnutí. Vybudování socialismu v Česko-
slovensku, které již dříve bylo průmyslovou zemí,
90 je naším vkladem[33] k tvůrčímu[30] rozvíjení marx-
ismu-leninismu a potvrzuje jeho obecnou platnost
. . .

[24]within the party
[25]factionalism
[26]clique formation [27]membership [28]incompatible

[29]integral

[30]creative

[31]test [32]vanguard

[33]contribution

věc f.

Excerpts from *Živočichopis* by Miloš Macourek

The title of the 1962 collection these two texts represent is an antiquated
and now comic-sounding word for "zoology." Animal allegories belong to a
tradition dating back at least to the medieval bestiary.

KROCAN[1]

Krocan se pořád rozčiluje, nemá nervy v pořádku,
a když vidí červenou barvu, může se zbláznit,
červených věcí je na světě mnoho, střechy jsou
červené, autobusy a růže, na světě je mnoho čer-
5 vených věcí a zdá se, že jich přibývá, a krocan[1]
sedí věčně u psychiatra a ten mu říká, nesmíte na
to tolik myslet, nesmíte se tolik dívat kolem sebe,
čtěte si, poslouchejte lehkou hudbu a večer choďte
na procházku, ale krocan[1] je krocan, rozčilí ho
10 každá maličkost,[2] potká náhodou slunéčko sedmi-
tečné[3] a je zle, krocan[1] je celý modrý a křičí, už
toho mám ale opravdu dost, a běží do lakýrnic-
tví,[4] nakoupí bílý lak,[5] utratí své úspory[6] a natře[7]
na bílo všechny benzínové pumpy, každou mrkev[8]
15 a všechny dětské stavebnice,[9] natře na bílo celý
svět, ale představte si, kde-kdo myslí, že jsou vá-
noce, vánoce, kdy se jedí krocani,[1] a tak přijde o[10]
život, ani neví jak.

ZEBRA

20 Zebra je vzácné zvíře a každým rokem je vzác-
nější a vzácnější a nedivte se, zeber je čím dál
míň,[1] stávají se z nich[2] obyčejní koně, hnědí nebo
černí, zeber je čím dál míň, a jak by nebylo, pru-
hovaná[3] tričká[4] nejsou k dostání,[5] taková stará
25 zebra jde s dcerami do obchodu, říká prodavačce,[6]
dvoje[7] tričká[4] pro tyhle zebry, ale prodavačka[6]
říká, lituji, zeptejte se tak za čtrnáct dnů, snad
nějaká přijdou, kdo má pořád běhat po obcho-
dech, a zebry dospívají,[8] nemohou chodit jen tak,
30 a tak si nakonec koupí nějaký obyčejný hnědý
nebo černý svetřík[9] s dlouhými rukávy,[10] obyčej-
ný svetřík,[9] jaký nosí hnědí nebo černí koně, a pak
se divte, že zeber ubývá.

[1]turkey

a loses temper

st'hecha : roof

increase · s seems
Věčný eternal
look at

[2]trifle

[3]ladybug

[4]paint store [5]paint

[6]savings [7]paint

[8]carrot

[9]blocks

not imagine w/o 31
in t'rvdce

[10]lose

rare/precious
divit se to surprised at

[1]fewer and fewer [2]they are
turning into

[3]striped [4]T-shirt [5]available

[6]salesgirl

[7]two

[8]grow up

[9]sweater (dim.) [10]sleeve

decrease

stavět se + take a position

Přehled českých dějin by Josef Pekař

Josef Pekař (1870-1937), a prominent First Republic historian, wrote this brief history during the twenties for *Svornost* (Solidarity), a newspaper of the Chicago Czech community. The language of the essay has been slightly simplified.

V době kolem roku 600 po Kristu se stabilizovala hranice mezi národy germánskými a slovanskými ve střední a jiho-východní Evropě. Tuto hranici tvořila linie mezi pozdějším Hamburkem a měs-
5 tem Terstem u Adriatického (Jadranského) moře. Slovanský národ Čechů sídlil[1] právě v centru této hraniční pozice, v zemi přirozeně chráněné horami. Zprávy o něm se začínají vyskytovat v dějinách až v době kolem roku 800, tedy v době, kdy
10 Karel Veliký budoval v západní a střední Evropě nové císařství římskogermánské,[2] jehož moc se brzy začala šířit do slovanských zemí na východě. Asi v této době se začalo zajímat o možnosti kulturní hegemonie nad Slovany i řecké císařství v
15 Byzanci (Cařihradě), snažíc se získat je mírovou cestou pro křesťanskou víru.
Tak na samém začátku svých dějin stáli čeští Slované mezi dvěma světy a kulturami, mezi západem a východem, a zdá se, že by ze strachu před mocí
20 germánského souseda dali přednost Cařihradu (Moravané, sousedící s Čechy na jihovýchodě a mluvící stejným jazykem jako Češi, přijali křesťanství v druhé polovině devátého století vlastně od Řeků, kteří pokřtili[3] i pražskou knížecí rodinu
25 Přemyslovců v Čechách), kdyby Maďaři začátkem desátého století neokupovali uherskou zemi a tím zpřetrhali[4] přímé styky mezi západními Slovany a Cařihradem. Odtud Češi byli donuceni podrobit[5] se politicky i kulturně německému západu. Spolu
30 s Moravou se česká země stala jedním z mnoha vévodství[6] německé říše, od níž také přijala svou církevní organizaci. Slovensko, jež bylo východní částí bývalé Velkomoravské říše, zůstalo od té

[1] settle

[2] Holy Roman

[3] baptize

[4] break off
[5] subject

[6] duchy

doby až do r. 1918 v rukou Maďarů.
35 Pro Čechy to byla velmi nebezpečná doba. Ačkoli
si knížata volil národ sám, rostoucí vlna německé
kolonizace začala zabírat[7] půdu zejména v pohra-   [7]seize
ničních[8] oblastech. Ve dvanáctém a třináctém sto-   [8]border
letí zkolonizovali Němci slovanská území na severu
40 Čech a mnohem dříve i podunajská území na jihu
Čech a Moravy a tím dosáhli přímého sousedství s
Maďary. Čechy s Moravou se tedy stávaly takřka
ostrovem v německém moři: jejich spojení se svě-
tem slovanským se zmenšovalo. I uvnitř tohoto
45 ostrova Němci všude zakládali svá města i vesnice
a otvírali doly na drahé kovy. Tak vlastně během
třináctého a čtrnáctého století se Čechy a Morava
staly zemí, v níž šlechta, hlavní majitelka půdy,
byla sice stále ještě velkou většinou česká, ale v
50 níž nová městská vrstva společnosti (obchodníci,
úředníci) byla skoro úplně německá. Protože se i
královská rodina sňatky[9] s německými princezna-   [9]marriage
mi germanizovala a Němci se účastnili i na cír-
kevní vládě a protože západní rytířská[10] móda   [10]chivalrous
55 začala získávat i šlechtu pro kulturu a jazyk ně-
mecký, nastalo velké nebezpečí poněmčení[11] čes-   [11]Germanization
kého státu (jako se to stalo u slovanských národů
v dnešním Sasku, Braniborsku, Pomořanech a
sousedství).
60 Češi však odolali tomuto nebezpečí do té míry, že
se čestí králové stali sami římskoněmeckými[2] císaři
a Praha se stala kulturní metropolí německé stře-
doevropské říše. Hlavní osobností této doby byl
Karel IV., český král z dynastie Lucemburků,
65 vládnoucí od roku 1346. Karel IV. byl po matce
původem Slovan z rodu Přemyslovců a přál čes-
kému živlu (odtud název Otec vlasti). S vývojem
nové české inteligence (Karel IV. založil dnešní
Karlovu univerzitu roku 1348, dva roky od začát-
70 ku své vlády) národní hnutí získává mnoho věr-
ných přivrženců.[12]   [12]follower
Zdá se, že nejvýznamnějším výsledkem nového
zájmu o češství[13] bylo světoznámé náboženské i   [13]the Czech nation

národní hnutí husitské, zvané tak po Janu Husovi,
75 jenž byl upálen[14] jako kacíř[15] roku 1415. Hus sice
vycházel z myšlenek anglického reformátora církve Johna Wicliffa, ale rozvinul je na úroveň revolučního systému. Chtěl totiž očistit[16] křesťanskou
nauku,[17] propaguje kritičtější myšlení a větší mrav-
80 nost. Z politického hlediska jeho hnutí, které dosáhlo evropského ohlasu, usilovalo i o jasně demokratické cíle.

Revoluce dosáhla toho, že padlo němectví,[18] představované českým vyšším klérem,[19] a zanikal[20]
85 německý živel v českých městech. Avšak hospodářsky revoluce v dlouholetých těžkých vnitřních bojích český stát a národ skoro zničila. Davši pak
vznik sektám (z nichž později nejznámější byla
tzv. Jednota bratří českých[21]) a rozdělivši zemi v
90 menšinu katolickou a většinu husitskou, bránila
klidnému politickému vývoji a přetrhla[4] k rostoucí kulturní škodě země styky Čechů s ostatní
Evropou, jež si zvykla dívat se na Čechy jako na
centrum kacířství.[22] Ale přece se Čechům dlouho
95 dařilo svůj stát ubránit. Husitský král český, Jiří z
Poděbrad (1457 až 1471), úspěšně dále bojoval za
mravní učení revoluce, a to proti útokům jak
Říma, tak i ostatních nepřátel husitství,[23] maďarskému králi, německému měšťanství[24] a české
100 katolické šlechtě.

Ve dvacátých letech šestnáctého století si Německo
vzalo z husitského hnutí příklad a ve formě luteránství přetrhalo[4] styky s katolickou církví. Nová
situace byla pravým opakem toho, co bylo před
105 stoletím: Němci se stali přáteli Čechům, jelikož
najednou oba národa bojovaly proti Římu.

Roku 1526 si však Češi zvolili krále z nejsilnější
katolické dynastie té doby, habsburské, která odtud až do roku 1806 panovala v římskoněmeckém[2]
110 císařství i do roku 1918 nad českými zeměmi,
Uhrami a Rakouskem. Zatímco se Češi, dosud
husitští, pokládali většinou za luterány (a proto se
mnohem hlouběji odlišili od katolického světa než

[14]burn (at the stake)
[15]heretic

[16]purify
[17]doctrine

[18]the German nation
[19]clergy   [20]become extinct

[21]Unity of Czech Brethren

[22]heresy

[23]Hussite movement
[24]bourgeoisie

dříve) a protikatolická Jednota bratrská[21] zůstá-
115 vala dosti důležitou menšinou, začala románské
Evropě nová renesance katolictví, jehož orgánem
se stala právě dynastie habsburská, panující v
českém království.

Bylo zřejmé, že dojde k boji mezi dynastií a větši-
120 nou národa, k boji, k němuž byl dán nový impuls
také v rozdílu mezi svobodami, jež Češi získali za
husitství a snahou dynastie tyto svobody omezit.
Za Rudolfa II. (1578 až 1611), jenž jako kdysi
Karel IV. učinil Prahu hlavním městem císařství,
125 se zdálo, že v tomto boji zvítězí Češi a s nimi pro-
testantské myšlenky a politická svoboda českých
měšťanů. Ale když Češi, spoléhajíce na pomoc
německého protestantského světa, povstali proti
Habsburkům, byli na Bílé hoře 8. listopadu 1620
130 úplně poraženi.

Habsburský vítěz[25] potrestal poražené Čechy. Ne-   [25]victor
jen že zavedl absolutistický režim a vyhnal ze
země všechny, kdo nechtěli přijmout katolickou
víru, ale i úplně nebo částečně zkonfiskoval maje-
135 tek každého, kdo jakkoli sloužil protihabsburské-   [26]resistance
mu odboji.[26] V Čechách například skoro dvě tře-   [27]third [28]land belonging to
tiny[27] vší zemské[28] půdy, na Moravě polovina byly   the crown
prodány císařem novým šlechtickým rodinám ci-
zího původu. Jistá část šlechty odešla do evrop-
140 ských protestantských zemí, doufajíc najít u nich
sympatii pro českou věc. Ale i snahy nejváženěj-
šího představitele této vzdělané skupiny emigrantů
(nebo exulantů, jak se sami nazývali), reformátora
školské výchovy a náboženského filozofa Komen-
145 ského, posledního biskupa[29] Jednoty bratrské,[21]   [29]bishop
zůstaly bez výsledku. Mírem vestfálským roku
1648 bylo císařovo vítězství potvrzeno.

Ani Bílá hora a kruté důsledky po ní by snad
nebyly zlomily sílu českého národa, kdyby bělo-
150 horské vítězství nebylo provázeno skoro třiceti
lety války, jejímž bojištěm[30] se často stávaly právě   [30]battlefield
české země. Za ní došlo k novým konfiskacím
české půdy Nečechy. Válka také zdecimovala oby-

vatelstvo země a úplně zruinovala její dříve vzkvé-
155 tající[31] hospodářství. Vyhnáním protestanské in-
teligence za hranice vědecký a literární život pře-
stal kvést.

Tak začala po válce léta kulturního a hospodář-
ského živoření.[32] Mohlo by se sice zdát, že český
160 stát uchránil své svobody, ale o všem vlastně roz-
hodoval jenom dvůr ve Vídni. A vídeňský dvůr se
stále zabýval myšlenkou, jak by z různých svých
států, tj. ze zemí českých, uherských a rakouských,
mohl zbudovat[33] novou říši rakouskou, zcentrali-
165 zovanou ve Vídni, s vládnoucím jazykem němec-
kým.

Tyto snahy se prakticky uskutečnily[34] až za pano-
vání Marie Terezie (1740 až 1780) a jejího syna
Josefa II. (1780 až 1790) v době tzv. osvícenské[35]
170 kultury. V té době český stát ztratil ve vší formě
dosavadní samostatnost a české země se staly
provinciemi nového státu rakouského. Neméně
důležité bylo, že v úřadech a školách byla zavede-
na všude řeč německá. Kromě toho katolická
175 šlechta českých zemí, tj. jediná skupina s jakým-
koli politickým vlivem, ztratila všechno své české
národní vědomí. Ale tytéž mocné síly, jež chtěly
zbudovat[33] novou evropskou kulturu, tytéž síly,
jež vedly ruku Marie Terezie a Josefa II. proti čes-
180 kému právu, probudily znovu k životu české sebe-
vědomí.[36] Národ byl sice omezen už jen vlastně na
masy selského a maloměstského[37] lidu (všechny
vyšší vrstvy byly většinou cizí), ale zdvojnásobil[38]
se během víc než století od Bílé hory. Byl hotov
185 využít prvních znaků svobody, které přese všechno
přinesla v mnohém směru Josefova doba. Za Jo-
sefa II. se například uvedla jistá míra svobody
tisku a náboženství, tzv. toleranční patent.[39] Ze
začátku[40] katolický klérus představoval jedinou
190 inteligenci. Někteří jeho příslušníci,[41] zejména v
osvícenské[35] době se snažili, aby slovem i knihou
probudili v lidu hrdost na svou minulost a tedy
nové národní sebevědomí.[36]

[31]bloom

[32]vegetate

[33]build

[34]be realized

[35]enlightenment

[36]self-awareness
[37]small-town
[38]double

[39]edict
[40]at first
[41]member

Vědecké i literární probuzení německé bylo při-
195 tom i příkladem i impulsem; v první polovině
devatenáctého století bylo to zvlášť hnutí roman-
tismu, ovládnuvší inteligenci, jež naplnila vzdě la-
nější vrstvy pravým náboženstvím národní myš-
lenky a kultem české historické slávy. Z protestant-
200 ských vědců, kteří brzy začali pomáhat v této
práci, je třeba uvést jméno historika Františka
Palackého, jenž ve svém velkém životním díle
Dějiny Národu Českého v Čechách i na Moravě
vyložil svému národu velikost jeho historické role
205 v husitské dobé, a slovníkáře Josefa Jungmanna.
Netrvalo dlouho a do popředí[42] se dostaly myš-   [42]foreground
lenky a programy volající po restituci státní samo-
statnosti a politických práv.

Tak když r. 1848 poprvé po staletích mocná vlna
210 revoluce otřásla[43] habsburskou monarchií, stál tu   [43]shake
český národ už plně znovuzrozený,[44] žádající od   [44]reborn
Vídně nové uspořádání. Reakci se sice podařilo
uchránit jednotu monarchie proti útoku nespoko-
jených národů, ale od roku 1860 byla vláda
215 císaře Františka Josefa (1848 až 1916) nucena
hledat způsob, jak uspokojovat různé politické
požadavky zemí a národů. Ačkoli by byl nejraději
ovládal stát jako celek s hospodářsky a kulturně
nejsilnější německou národní skupinou na prvním
220 místě, nebylo to už možné. Proto se r. 1867 roz-
hodl rozdělit monarchii na stát německý (Cislaj-
tánii s hlavním městem Vídní) a stát uherský[45] (s   [45]Hungarian
hlavním městem Budapeští) tak, aby se Němci a
Maďaři rozdělili o panování nad ostatními náro-
225 dy, které tvořily většinu říše. Toto založení tzv.
dualismu rakousko-uherského bylo neštěstím jeho
i celé říše, protože tím se vlastně Maďaři stali
pány v monarchii. Kde proti Němcům stáli Češi a
Poláci, Rakousko nebylo s to[46] pro vnitřní hospo-   [46]be able
230 dářské a politické potíže vyvinout v alianci s
Maďary skutečnou sílu. Byli to Maďaři, kteří pro-
pagovali nepřátelství s Ruskem a Srbskem a při-
pravili tak situaci vedoucí r. 1914 k světové válce.

V ní, jak známo, staletá habsburská říše byla
235 úplně zničena a tak vznikla 28. 10. 1918 i samo-
statná Československá republika.

Jan Hus by Bohumil Balajka

This sketch of the life of the famous Czech religious reformer comes from the textbook *Nástin dějin starší české literatury* (Prague 1957), intended for the last years of secondary school education. The order of the presentation has been changed and several omissions made.

Jan Hus (asi 1369–1415) narodil se v Husinci u Prachatic a pocházel z chudé rodiny. Na pražské univerzitě dosáhl bakalářství[1] a později mistrovství filozofie.[2] Potom studoval teologii, krátkou
5 dobu učil na fakultě filozofické a roku 1400 byl vysvěcen[3] na kněze.

Na utváření[4] názorů mladého Husa měla vliv četba spisů anglického reformátora Johna Wicliffa (Viklefa). Jan Viklef, mistr oxfordské univerzity,
10 došel ve svých latinských traktátech k názoru, že církev nemá vlastnit půdu a nemá práva zasahovat do světských[5] záležitostí.

V roce 1402 byl Hus jmenován kazatelem[6] v kapli[7] Betlemské, která se tehdy stávala střediskem čes-
15 kého reformního hnutí. Od samého začátku (kaple byla založena roku 1391) zavazovala kazatele,[6] aby v duchu reformním kázal slovo boží. Již Husovi předchůdci[8] v kazatelském úřadě shromáždili kolem sebe nadšené posluchače. Ohnisko[9]
20 skutečně lidového reformního hnutí vytvořil z kaple[7] Betlemské teprve Hus.

Jako univerzitní učitel odvrací[10] se Hus od neživotně teologické učenosti[11] a zaměřuje svou činnost na nejpalčivější[12] časové otázky. Jeho latinsky
25 psané spisy, souvisící s univerzitní a odbornou praxí, mají stejně pokrokovou povahu jako spisy české. Obracejí se k inteligenci a chtějí ji přesvědčovat o správnosti nových názorů. Od začátku bojuje Hus proti bohatství vysoké církevní hierar-
30 chie, odmítá formalismus náboženského života, odhaluje[13] podvody[14] se zázraky, atd.

Nejvýznamnějším latinským dílem Husovým je spis *O církvi*; je obžalobou[15] a kritikou nejsilnější

[1]baccalaureate
[2]master of philosophy
[3]ordain
[4]form
[5]secular
[6]preacher [7]chapel
[8]predecessor
[9]focal point
[10]turn from
[11]erudition
[12]burning
[13]expose [14]fraud
[15]indictment

středověké feudální moci — církve. Názorem, že
35 hlavou církve není papež,[16] nýbrž Kristus, Hus   [16]pope
otřásl[17] silně autoritou papeže.   Spis *O církvi* měl   [17]shake
velký ohlas i v cizině a působil podnětně na
Luthera.
Úzký styk s posluchači v kapli[7] Betlemské a po-
40 zději přímé spojení s českým venkovským lidem
přiměly[18] Husa k psaní českých spisů. Proto se   [18]cause
také vážně zamýšlel[19]   nad otázkami spisovného   [19]ponder
jazyka a jeho pravopisu. Z těchto úvah vznikl
kolem roku 1406 latinský spis *O českém pravopise*
45 s praktickým návodem,[20] jak nahradit tehdejší slo-   [20]instructions
žitý a nepřesný pravopis praktičtějším a jednoduš-
ším pravopisem diakritickým (tečkami a čárkami
nad písmeny). Před Husem se psalo např. zadaa
(zadá) zzaadaa (žádá), czzasto (často), ale každý
50 písař[21] psal jinak, nebylo pevných zásad v pravo-   [21]scribe
pise. Hus se rozhodl označovat[22] dlouhé samo-   [22]designate
hlásky čárkou, měkké souhlásky tečkou (místo
dnešního háčku). Husova láska k rodnému jazyku
se neprojevila jen pravopisnou reformou. Hus za-
55 sáhl také významně do vývoje spisovné češtiny
tím, že se snažil přiblížit ve svých spisech spisovný
jazyk živé lidové řeči. Upouštěl[23] od některých   [23]abandon
archaismů, např. aoristů a imperfekt, psal hovo-
rovým jazykem pražského prostředí. Hus si také
60 první z našich spisovatelů všímá čistoty jazyka,
kárá[24] kažení mateřštiny cizími slovy, hlavně ně-   [24]criticize
meckými. Jeho autorita v pozdějším literárním
vývoji způsobila, že se jeho spisy staly vzorem
jazyka pro spisovatele a tím základem spisovné
65 češtiny.
Zásady pravého křesťanského života vyložil Hus
svým poslochačům a čtenářům ve spisku *Devět*
kusuov zlatých a v jiných menších traktátech.[25]   [25]treatise
Rozměrnější prací je *Výklad viery*,[26] *desatera*[27] *a*   [26]Creed [27]Ten
70 *páteře*[28] (páteř — modlitba Otče náš, podle prv-   Commandments
ního latinského slova *pater*). Tento výklad tří zá-   [28]Lord's Prayer
kladních modliteb poskytl Husovi příležitost k
úvahám o praktických otázkách mravního života i

podnět ke kritice současných společenských po-
75 měrů.

Velmi účinně se zúčastnil Hus veřejného života v
roce 1409, kdy vymohl[29] na králi Václavovi dekret
Kutnohorský, jenž spravedlivě upravil poměr mezi
jednotlivými národnostmi při hlasování[30] na uni-
80 verzitě. Čechům, kteří až do té doby měli jediný
hlas, ačkoliv měli na univerzitě silnou většinu,
dostalo se tří hlasů proti jednomu hlasu cizinců.
Za zásluhu o počeštění[31] pražské univerzity byl
Hus zvolen roku 1409 jejím rektorem.

85 Arcibiskup však brzy zakročuje[32] proti novému
hnutí: dává spálit Viklifovy spisy, zakazuje kázat
v soukromých kaplích,[7] především v kapli Betlem-
ské. Vynáší[33] nad Prahou interdikt (zákaz boho-
služeb[34]) a konečně vymůže[29] v Říme papežskou
90 klatbu[35] nad Husem.

Král Václav se pokusil usmířit[36] spor mezi Husem
a církví, ale po nové papežské klatbě[35] naléhal[37]
na Husa, aby opustil Prahu. Mistr odchází kon-
cem roku 1412 z Prahy, pobývá[38] na venkově u
95 svých šlechtických příznivců.[39] Král jej opustil,
mnozí z jeho přátel a žáků se ho zřekli,[40] ale lid
stojí pevně při něm a přichází na jeho kázání.

Na jaře roku 1414 vyzval[41] císař Zikmund Husa,
aby se ospravedlnil[42] před kostnickým koncilem,
100 který jej nařkl[43] z kacířství.[44] Slíbil Husovi ochra-
nu[45] a Hus, nedbaje na výstrahy[46] svých přátel,
odešel do Kostnice. Věřil, že obhájí své myšlenky
před církví. Brzy po příchodu byl však uvězněn.[47]
Koncil mu sice poskytl trojí[48] veřejné slyšení, ale
105 nebyl ani přesvědčován jeho důkazy z Písma.[49]
Zástupci církve žádali pouze jedno: aby Hus
odvolal[50] své učení a podřídil[51] se autoritě kon-
cilu.[42] Protože však Hus po dlouhých tělesných
útrapách[52] a duševních bojích vytrval[53] a neodvo-
110 lal,[50] jsa přesvědčen o pravdivosti svých myšlenek,
koncil odsoudil jeho spisy jako díla kacířská[54] a
Hus sám byl dne 6. července 1415 upálen[55] na
hranici.[56]

---

[29] exact from
[30] vote
[31] make Czech
[32] take steps
[33] proclaim
[34] service
[35] curse
[36] mitigate
[37] urge
[38] spend some time
[39] sponsor
[40] renounce
[41] summon
[42] justify
[43] accuse of   [44] heresy
[45] protection   [46] warning
[47] imprison
[48] three
[49] scriptures
[50] disavow   [51] submit to
[52] torture   [53] withstand
[54] heretical
[55] burn
[56] stake

Jan Ámos Komenský by Vladimír Neff

Komenský, known outside Czechoslovakia as Comenius, the Latin form of his surname, was an important seventeenth-century philosopher now remembered chiefly for his widely read and influential writings on educational reform. The following evaluation of his position in the history of philosophy is the entry under his name in the *Filosofický slovník* (Prague 1948) by Vladimír Neff.

KOMENSKÝ, JAN ÁMOS (1592–1670) byl poslední biskup Jednoty bratrské,[1] člověk světový a přitom Čech nejčeštější, vzdělavatel[2] „milého našeho a milostného[3] otcovského jazyka“; tvůrce[4]
5 nejkrásnějšího českého stylu; člověk náboženský, představující konec naší reformace a současně její vrchol, neboť pochopil, že kromě zbožnosti[5] také vzdělání musí být obsahem života duchovního; humanista, který přes všechnu šíři[6] svého rozhle-
10 du[7] a hloubku[8] své učenosti[9] trpěl do jisté míry těsností české provinciálnosti, jež mu nedovolila setřást[10] všechny zbytky myšlení středověkého, takže nepochopil význam vědy své doby a odmítal — stejně jako v téže době v Anglii Bacon, jenže z
15 jiných důvodů — astronomické objevy Galileiovy a Keplerovy jakož i filozofii Descartovu a Lockovu; psanec,[11] který byl nucen strávit valnou[12] část svého života v emigraci a kterého události válečné připravily o velkou část jeho díla, zejména
20 o jeho ohromný frazeologický slovník, *Poklad jazyka českého*, který skládal 44 let a který mu, již připravený k tisku, shořel. „Te ztráty přestanu želeti[13] jen tehdy, až přestanu také dýchati,“ napsal o tom Komenský. A my jí želíme[13] dodnes.
25 Jeho reforma vyučování jazykům mu přinesla úspěchy největší; jistě každé druhé české dítě zná jeho rozkošný[14] *Orbis pictus*, Svět v obrazech. Komenský tu vycházel ze zdravé myšlenky, že poznávání jazyka má jít ruku v ruce s poznáváním
30 věcí; tedy ne zpitomující[15] dření[16] slovíček, nýbrž vyučování názorné a instruktivní. Nic není správnější ho.

[1] Unity of the (Czech) Brethren [2] cultivator [3] beautiful [4] creator

[5] piety

[6] breadth
[7] outlook [8] depth [9] erudition

[10] shake off

[11] outcast [12] major

[13] bemoan

[14] charming

[15] stultify [16] drudgery

Když byl Komenský v Maďařích, přepracoval[17]
svou *Bránu jazyků* (Janua linguarum), učebnici,
35 podle níž byl zdělán[18] *Orbis pictus*, ve formu
dramatickou a udělal z ní úspěšné divadlo zvané
Schola ludus, Škola hrou. Pojmem *schola ludus* se
dnes vyjadřuje charakteristika celkového pedago-
gického úsilí Komenského, totiž jeho snahy udělat
40 školu zábavnou, názornou, dramaticky živou.
Člověk je tvor vědychtivý,[19] mínil Komenský; po-
daří-li se nám podchytit[20] jeho přirozenou zvída-
vost,[21] odpadnou[22] všechny donucovací[23] učebné
methody a školy přestanou být mučírnami[24] a
45 stanou se dílnami na zušlechtění[25] lidské duše,
dílnami lidskosti.
Myslím, že je škoda, že se nevěnoval svým dodnes
neuskutečněným snahám pedagogickým cele. Žel[26]
Komenského zajímala myšlenka pansofie, vševědy,
50 v níž by bylo všechno lidské poznání a i boží
zjevení[27] shrnuto[28] na jednu hromadu. Komenský
totiž na rozdíl od jiných myslitelů renesančních
nepřijal teorii dvojí[29] pravdy vědy a víry; trval na
ideálu jedné pravdy platné vždy a všude. Bibli
55 věřil doslova; byla mu mimo jiné důvodem, proč
odmítal sluncestředný[30] názor renesančních hvěz-
dářů.[31] Stvořil-li[32] Bůh člověka i svět podle jed-
něch a týchž idejí, musí existovat možnost, jak
uspořádat všechny vědy spolu s vírou jednotně,
60 přísně logicky, harmonicky, s jistotou matematic-
kou. Tím se odstraní všechny spory a jejich dů-
sledky, především války. Na světě proniknutém
vševědou zavládne[33] věčný mír. Tento pokus, smí-
řit[34] scholastiku s moderní vědou, ovšem ztrosko-
65 tal.[35] Pansofií se Komenský obírá[36] především v
knihách *Předehra*[37] *snah komeniovských* (Conatum
Comenianorum praeludia) a *Osvětlení*[38] *snah pan-
sofických* (Conatuum pansophicorum dilucidatio),
též *Osnova*[39] *vševědy* (Pansophiae diatyposis).
70 Filozofie Komenského je soustředěna v nábožen-
ské knize *Hlubiny*[40] *bezpečnosti* (Centrum securi-
tatis), v níž se setkáváme s některými myšlenkami

[17]rework
[18]compile
[19]eager for knowledge
[20]capture
[21]inquisitiveness [22]disappear
[23]coercive [24]torture chamber
[25]ennoblement
[26]unfortunately
[27]revelation [28]bring together
[29]dual
[30]heliocentric
[31]astronomer [32]create
[33]begin to reign
[34]reconcile
[35]come to naught
[36]deal with [37]prologue
[38]illumination
[39]outline
[40]depth

Jakuba Böhma. Podivná je u Komenského jeho
víra v proroctví,[41] vizionářství; v jeho době ovšem
75 fantastický okultismus kvetl a Komenský mu pod-
lehl[42] tím spíše, že v Bibli, najmě[43] v knize jeho
jmenovce[44] stojí psáno výslovně, že „Bůh nečiní
nic, co by dříve neodhalil[45] sluhům svým, proro-
kům".[46] (Amos, III. 3). Uvěřejnil[47] proroctví[41]
80 svých tří oblíbených vizionářů v knize *Světlo v
temnotách*[48] (Lux in tenebris).

Stejně slavný jako *Orbis pictus* je jeho *Labyrint
světa a ráj srdce,* kniha žel[26] ne původní, jejíž po-
chopitelný pesimismus a ironická malátnost[49] —
85 byla psána právě po bitvě na Bílé hoře — je v
rovnováze[50] s hlubokou zbožností.[5]

Ještě za třicetileté války se Komenský setkal s
Descartem a diskutoval s ním čtyři hodiny, obha-
juje[51] své stanovisko člověka náboženského, věří-
90 cího v zjevení.[27] „Já za okruh[52] filozofie nevykro-
čím,[53]" řekl mu Descartes při rozchodu.[54] „Bude
tedy u mne jen část toho, čeho u tebe je celek."
Touto francouzsky zdvořilou větou vystihl[55] Des-
cartes, v čem zůstal Komenský za svou dobou a
95 proč toliko[56] jeho snahy pedagogické dosáhly vý-
znamu světového.

[41]prophecy

[42]succumb [43]notably

[44]namesake

[45]reveal

[46]prophet [47]publish

[48]darkness

[49]torpor

[50]equilibrium

[51]defend

[52]range

[53]step [54]parting

[55]pinpoint

[56]only

Počátky českého vystěhovalectví do Ameriky
by Stanislav Klíma

Many Czechs and Slovaks have first- and second-generation relatives in the United States and Canada, but as the following excerpts from *Čechové a Slováci za hranicemi* (Prague 1925) show, immigration to America began as early as the seventeenth century. The text has been slightly altered.

Počátky českého vystěhovalectví[1] do Ameriky
spadají[2] do dob velice dávných, a sice krátce po
tom, co angličtí puritáni našli útulek[3] v Massachu-
settsu. Po bitvě na Bílé hoře mnoho českých emi-
5 grantů odešlo z Čech do protestantských zemí
západoevropských, jejichž národové v té době
právě začali zakládat osady[4] v Americe. Je tudíž
přirozeno, že s Holanďany, kteří založili tehdy v
Americe Nieuwe Amsterdam, nynější New York,
10 připluli[5] ke břehům americkým i někteří z oněch
českých emigrantů pobělohorských.[6] Jedním z
nich je Augustin Heřman, rodilý[7] v Praze, o němž
máme zprávu z roku 1633 a který vedle obchodu
zabýval se i vyměřováním.[8] Roku 1670 zhotovil[9]
15 první mapu krajů kolem zálivu[10] Chesapeake a
Delaware, začež[11] dostal od lorda Baltimora, tehdy
největšího pána v této časti anglických osad,[4] zemi
mezi těmito zálivy[10] a povýšen[12] byl do stavu
lordů. Založil tu t.zv. „České panství" (Bohemian
20 Manor), k němuž později připojil[13] další kus pod
jménem „Malé Čechy" (Little Bohemia) a konečně
St. Augustine Manor. Jednu z řek na svém panství
nazval Great Bohemian River, druhou Little Bo-
hemian River. Svůj původ nikdy neskrýval, ale s
25 hrdostí se k němu hlásil. Nepodepsal se nikdy
jinak než „Augustine Herrman, Bohemian".
Moravští bratři začali se stěhovat do Ameriky
roku 1735. Za rok na to přijel za nimi první
biskup[14] jejich David Ničman. Usadili se nejprve[15]
30 v Georgii, odkud přešli do Pennsylvanie do okresu
Northhampton. Tam v březnu 1741 vystavěli první

[1]emigration
[2]go back to
[3]refuge

[4]settlement

[5]sail
[6]post–White Mountain
[7]born

[8]surveying [9]make
[10]bay
[11]for which

[12]promote

[13]annex

[14]bishop [15]first

dům a 28. září téhož roku první svůj kostel. O
vánocích přijel k nim hrabě Zinzendorf z Ochra-
nova a nazval osadu[4] Bethlehem. Je to od té doby
hlavní sídlo[16] moravských bratří. V Bethlehemě v   [16]seat
35 církevní knihovně opatrují[17] dosud staré české   [17]preserve
knihy (Bible a zpěvníky). České knihy mají i v
Nazareth v témže okrese Northhampton a v Liti-
cích založených roku 1756 v okrese Lancaster. Do
roku 1762 přišlo do Ameriky přes 700 moravských
40 bratří.
V pozdějších dobách zahnal[18] osud do Ameriky   [18]dispatch
jen sem tam nějakého dobrodružného Čecha. Zna-
čnější vystěhovalectví[1] nastává až v padesátých
letech devatenáctého století. Tehdy stěhují se Če-
45 chové do Ameriky hlavně z příčin politických.
Byli to zejména účastníci svatodušních[19] bouří   [19]Whitsuntide
pražských roku 1848. V pozdější době bylo mnoho
Čechů, kteří se vystěhovali do Ameriky, prchají-
ce[20] před nucenou vojenskou službou v armádě   [20]flee from
50 rakousko-uherské, která zavedena byla po prusko-
rakouské válce roku 1866. Jiní se stěhovali, hleda-
jíce v Americe hospodářské výhody.
Plavili[21] se přes moře na lodích plachetních,[22] na   [21]sail   [22]sailing ship
nichž plavba[23] nebyla příjemnou. F. J. Sadílek z   [23]crossing
55 Wilbur, Nebraska, líčí svou cestu, kterou podnikl
jako šestnáctiletý hoch roku 1868, v knize *Z mých
vzpomínek,* vydané v Omaze roku 1914: „Cesta
plachetníkem[24] po moři byla trapná, trvala nám   [24]sailing ship
deset týdnů a co jsme vše zakusili,[25] nebudu plně   [25]endure
60 popisovat. Vždyť také jen ti, kteří tak pluli,[5] do-
vedou to posoudit. Deset neděl býti na staré dře-
věné lodi, kde po stěnách tekly potůčky[26] vody, za   [26]stream (dim.)
studených dnů a nocí beze všeho ohně nebo ka-
men k ohřátí,[27] všichni vystěhovalci, muži, ženy a   [27]warmth
65 děti v jedné místnosti. Za prudkých bouří zatara-
sili[28] nám dveře, aby nikdo nemohl na palubu,[29] v   [28]barricade   [29]deck
obavě, že by jej vlna mohla smésti[30] do moře.   [30]sweep
Strava[31] byla špatná a pitné[32] vody bylo málo,   [31]food   [32]potable
jen tolik a tolik jí každý dostal denně. Nejhorší při
70 tom všem bylo, že všude bylo hmyzu, až strašno

na to vzpomínat.

Konečně jsme se octli v New Yorku. Hned jsem psal rodičům domů. Bylo mně asi hodně smutno. Pamatuji se, že jsem psal mezi jiným, že kdyby
75 vedla z Ameriky cesta do Čech a travlo to pěšky sedm let, tak bych to velice rád podstoupil.[33]"

Tomáš Čapek ve své knize *The Čechs in America* uvádí 742 místa ve Spojených Státech, v nichž roku 1910 žilo přes 100 Čechů. Nejvíce těchto
80 míst je ve Wisconsinu a Minnesotě, ve východních částech Iowy, Jižní Dakoty, Nebrasky a Texasu.

Mnoho Čechů žije též ve velkých městech, a sice (podle sčítání[34] roku 1910): v Chicagu (110 000), New Yorku (40 988), Clevelandě (39 296) a v St.
85 Louis (10 282).

[33]go through with

[34]census

Obohacování[1] slovní zásoby v době národního obrození[2]
by Miloš Helcl

With the upsurge in nationalist movements throughout Central Europe in the early nineteenth century a number of long-neglected Slavic literary languages received sudden attention. During much of the seventeenth and all of the eighteenth century educated Czechs used German as their vernacular. The selection below, part of a longer essay entitled "Slovní zásoba češtiny a její změny" from *O češtině pro Čechy* (Prague 1960), outlines the process by which several leaders of the Czech National Revival brought about the revitalization of the Czech literary language. Several passages have been omitted.

Jedním z hlavních, ba podstatných charakteristických znaků novodobého národa je jednotný národní jazyk, a tak obrození národa bylo spojeno s obrozením spisovného jazyka jako pojítka[3] celé
5 národní společnosti.
Byla proto od počátku nového hnutí věnována rozvoji a zdokonalení[4] jazyka mimořádná péče. Starší generace obrozenská,[5] hlásící se pod prapor[6] Josefa D o b r o v s k é h o, zaměřila svou pozornost
10 hlavně na mluvnickou stavbu a na stanovení zásad pro tvoření slov.
Soustředíme se na práci druhé obrozenské generace, seskupené[7] kolem Josefa J u n g m a n n a. Ta již byla zaměřena na rozvíjení slovní zásoby tak,
15 aby byly překlenuty[8] mezery,[9] jež vznikly za doby temna[10] i aby se jí dostalo dostatečných vyjadřovacích prostředků pro pěstování svébytné[11] kultury.
Musíme však zdůraznit, že práci této generace
20 ulehčil[12] svými studiemi o zákonitostech[13] uplatňujících se v češtině při tvoření slov právě Josef Dobrovský, třebaže se zprvu stavěl proti zavádění nově tvořených slov. Soudil totiž, že je nejdříve nutno zarazit anarchii diletantů, kteří si nová
25 slova prostě vymýšleli. Pro nejnaléhavější doplnění[14] spisovné slovní zásoby deporučoval spíše ob-

[1]enrich [2]revival

[3]link

[4]perfection
[5]revival [6]banner

[7]group

[8]bridge [9]gap
[10]post-White Mountain
[11]independent

[12]facilitate [13]law

[14]supplement

novení[15] slov zastaralých,[16] uvádění slov nářečních   [15]renew   [16]archaic
nebo slov z jiných slovanských jazyků. Tvoření
nových slov vyhrazuje[17] Dobrovský spisovatelům   [17]reserve
30 umělcům.
Ale i přes odpor Dobrovského přibyla tehdy do
naší slovní zásoby slova příslovce, zákon, spor,
určiti, událosty, dějiny a udržela se dodnes, jiná
jako ubezpečilý, vlastitý, přebydlí, z ní zase vymi-
35 zela.[18] Vědomě byla tehdy odstraňována mnoha   [18]disappear
slova přejatá,[19] pojmenovávající[20] jevy a věci den-   [19]loan   [20]name
ního života, např. handl,[21] plac,[22] rynk,[23] šmak,[24]   [21]trade   [22]open space
mord,[25] grunt,[26] a nahrazována domácími.   [23]square   [24]taste   [25]murder
Dobrovského názor, že spisovná čeština z konce   [26]foundation (cf German
40 16. a začátku 17. století byla jazykem ustáleným a   Handel, Platz, Ring,
hotovým i po stránce lexikální se brzy ukázal   Schmack, Mord, Grund)
mylným,[27] neboť v její slovní zásobě nebylo možno   [27]erroneous
nalézt pojmenování[20] pro nesčíslné[28] nové pojmy   [28]numerous
podstatně změněného života, rozvité vědy a začí-
45 nající techniky i průmyslové výroby. Proto druhá
generace obrozenská pociťovala[29] jako brzdu[30]   [29]feel   [30]brake
svého ideálu — užívat češtiny nejen v literatuře
krásné, ale i vědecké — značnou mezerovitost[31]   [31]patchiness
české slovní zásoby hlavně v její složce termino-
50 logické.
Vytvoření vyhovující české slovní zásoby je z velké
části dílem J. Jungmanna a jeho spolupracovníků.
Především bylo jejich úsilí zaměřeno na názvoslo-
ví[32] literárněvědné, filozofické a estetické a tím   [32]terminology
55 vytvořena základna[33] i pro slovní zásobu všeobec-   [33]base
ně kulturní. Jim děkujeme za názvy dnes tak
běžné jako jsou poznatek, představa, pojem, sou-
stava, věda, předmět, účel, záměr, výsledek, dojem,
nápad, názor, rozbor, sloh, úvaha, vkus, časopis,
60 aj., za přídavná jména jednotlivý, četný, nutný,
nudný, postupný, totožný,[34] za slovesa označiti,[35]   [34]identical   [35]designate
vyznačiti,[36] uskutečniti, rozčiliti, aj. Jejich záslu-   [36]characterize
hou je však též, že v svých pracích ukázali, jak a v
jakém významu jednotlivých slov užívat, jak roz-
65 lišovat podle potřeb přesného vědeckého vyjadřo-
vání a myšlení slova účel a cíl, stejný a totožný[34]

apod.

Běžně přijatou složkou slovní zásoby se ovšem ne-
stalo pokaždé hned první slovo, často se tak stalo
70 až po delším kolísání mezi několika pokusy o
český název, takže mnohá z tehdejších nových slov
také zanikla. Bylo tomu tak zejména tam, kde
tvůrcové[37] nové slovní zásoby počešťovali[38] i mezi-
národní slova dávno vžitá,[39] jako jsou názvy jed-
75 notlivých vědeckých disciplín, např. libomudrctví
(filozofie), umnice nebo pravomyslnost (logika),
krásověda (estetika), slovozpyt (etymologie), slo-
vářství (lexikografie), člověkosloví (somatologie),
hlatipis (krystalografie), živočichopis (zoologie),
80 lučba (chemie), silozpyt (fyzika), dušesloví (teolo-
gie). Jen některé z těchto počeštěných názvů žijí
dodnes vedle názvů mezinárodních, tak zeměpis
(geografie), národopis (etnografie), dějepis (histo-
rie), rostlinopis (botanika), přírodozpyt (fyzika),
85 bájesloví (mytologie), duševěda (psychologie).

[37]creator [38]make Czech
[39]take root

Běžně mluvená čeština by Alena Trnková

This discussion of the differences between formal and informal Czech comes from a textbook developed by the Katedra češtiny pro cizince at Charles University in Prague and entitled *Stručná mluvnice češtiny pro zahraniční studenty.* Everyone who will be coming into repeated contact with Czech and Czechs should have a general idea of the different levels of the language.

Čeština, kterou se mluví při běžném, neoficiálním styku (běžně mluvená čeština), se dost liší od češtiny spisovné. Rozdíly mezi oběma formami češtiny jsou hlubší než jenom rozdíly mezi jazykem psa-
5 ným a mluveným. (Nejde zde ani o rozdíl mezi spisovným jazykem a dialektem; kromě běžně mlu-vené češtiny na většině českého jazykového území existují v některých částech tohoto území i zbytky starých dialektů.)
10 Rozdíl mezi spisovnou a běžně mluvenou češtinou vznikl během historického vývoje češtiny. Vývoj češtiny jako kulturního jazyka byl následkem poli-tických událostí začátkem 17. století přerušen. Asi dvě stě let pak mluvil česky jenom lid, literatury
15 česky psané bylo velmi málo. Čeština jako jazyk vzdělanců[1] a literatury byla uměle obnovena[2]   [1]educated person   [2]revive
začátkem 19. století. Za základ nového spisovného jazyka byl přijat jazyk literatury z konce 16. století. Lidový jazyk, který se nepřetržitě[3] vyvíjel,   [3]uninterrupted
20 se už na začátku 19. století značně lišil od jazyka literatury ze 16. století, a tím i od nově vytvoře-ného jazyka spisovného.
Spisovný jazyk ze 16. století se vyvinul ze středo-českého dialektu, tedy z dialektu z okolí Prahy.
25 Středočeský dialekt se vyvíjel i v době zániku spi-sovného jazyka, šířil se po území celých Čech a později začal pronikat i na Moravu. V dnešní době už dialekty v Čechách zanikly, na Moravě jsou ještě zachovány v jednotlivých oblastech prv-
30 ky dialektů, ale postupně mizí, zvláště ve městech. Prvky dialektů jsou nahrazovány částečně[4] prvky   [4]partial

spisovného jazyka, částečně prvky nespisovného
jazyka původem ze středních Čech.

Z historického hlediska je tedy běžně mluvená
35 čeština lidový jazyk původem ze středních Čech,
který se zbavil některých výrazně středočeských
jevů a který proniká na území stále větší a má
tendenci stát se jazykem běžného styku celého
národa. Na územích, kde ještě úplně nezanikly
40 dialekty, můžeme mluvit o místních variantách
běžně mluvené češtiny.

Běžně mluvená čeština se liší od spisovné češtiny v
jevech hláskoslovných[5] a tvaroslovných,[6] částečně[4]   [5]phonological [6]morpho-
i ve skladbě a ve slovníku.[7] Kromě prvků jen   logical [7]lexicon
45 spisovných a prvků vlastních jenom běžně mluve-
nému jazyku je v češtině velmi mnoho prvků spo-
lečných jazyku spisovnému a jazyku běžně mluve-
nému. Hranice mezi oběma formami češtiny není
ostrá, běžně mluvená čeština nemá normu a může
50 užívat prvků spisovných a nespisovných v různé
míře. (To záleží na mluvčím[8] a okolnostech pro-   [8]speaker
jevu.)

Následující popis běžně mluvené češtiny není úpl-
ný, jsou v něm zachyceny[9] jen nejvýraznější jevy,   [9]include
55 hlavně jevy hláskoslovné[5] a některé jevy tvaro-
slovné.[6]

Hláskosloví[5]

Na začátku slova bývá *vo-* místo *o-* (*von, voba,
vobráceně,*[10] *votočit, vobraz, vod vokna*) a to i na   [10]the other way round
60 začátku slovního základu po předponě (*nevo-
psat,*[11] *povotočit,*[12] *navostřit*[13]) a někdy i ve slože-   [11]not copy [12]turn a bit
ných slovech[14] (*modrovoká*). V českých slovech je   [13]sharpen [14]compound
tento jev důslednější než ve slovech cizího původu,
hlavě odborných (*omeleta/vomeleta,* ale jen *orni-
65 tologie*).

Místo *é* je *í* (graficky i *ý*), a to v základech slov
(*mlíko, píct, mýst*) i v koncovkách (*vysoký domy,
celý hodiny, známýmu člověku, velkýho města*).

Místo *ý* je *ej,* a to v základech slov (*tejden, bejt,
70 rozmejšlet se*) a v předponách (*vejlet*) i v koncov-
kách (*známej autor, dobrejm známejm, velkejma*

vočima) kromě 7. pádu sg. tvrdých přídavných
jmen v mužském a středním rodě (*dobrým člově-
kem, velkým městem*).

75 Po *c, z, s,* a *l* je někdy *ej* místo *í* (*cejtit, sejto,*[15] [15]sieve
vozejk,[16] *lejt*). [16]cart
Někdy bývá na začátku slova *ou-* místo *ú-* (*ouhoř,*[17] [17]eel
ouzko), ale tento jev má někdy citové[18] zabarvení[19] [18]emotional [19]color
(*ouřad*).

80 Ve výslovnosti se zjednodušují[20] složité souhlásko- [20]be simplified
vé skupiny (*du* místo jdu, japko místo *jablko*) a
někdy se mění kvantita, nastává krácení[21] (*řikám* [21]shorten
místo *říkám, neni* místo *není*).

Tvarosloví[6]

85 *Jména.* 7. pád pl. podstatných a přídavných jmen i
některých číslovek a zájmen končí na *-ma* (*těma
všema lidma, třema známejma ulicema, některejma
menšíma městama*). Přídavná jména a zájmena (ne
podstatná jména) nerozlišují[22] rody v 1. a částeč- [22]differentiate
90 ně[4] i ve 4. pádě pl. (*ty dobrý autoři, ty velký okna*).
Změny ve skloňování přídavných jmen jsou částeč-
ně dány změnami hláskoslovnými.[5]
Drobnější změny jsou ve skloňování podstatných
jmen (přechod od typu *kost* k typu *píseň* je častější
95 než ve spisovném jazyce: *vo starostích,* 1. pád pl.
lidi místo *lidé*), přídavných jmen (adjektivní sklo-
ňování přívlastňovacích[23] přídavných jmen — [23]possessive
bratrovýho), zájmen (4. pád sg. zájmena *ono* po
předložce je *něj*) a číslovek (*dvouma* místo *dvěma,*
100 *třech* místo *tří*).
Slovesa. V oznamovacím[24] způsobu přítomného [24]indicative
času je ve 3. pl. kolísání mezi *-í* a *-ejí* (*prosejí,
umí*), v koncovkách *-ají* a *-ejí* se koncové[25] *-í* krátí [25]final
nebo ztrácí (*dělaji, delaj, museji, musej*), slovesa s
105 1. s. na *-ji* a 3. pl. na *-jí* mají v těchto koncovkách
-ju a *-jou* (*hraju, hrajou*), místo tvarů *mohu* a
mohou jsou tvary *můžu* a *můžou* (i v předponových
slovesech — *pomůžu*), sloveso *být* má ve funkci
významového[26] (ne pomocného[27]) slovesa v 2. sg. [26]with meaning [27]auxiliary
110 tvar *seš* místo *jsi.*
V podmiňovacím[28] způsobu se místo *bys* a *bychom* [28]conditional

používá tvarů *bysi* a *bysme* (méně často *bysem*
místo *bych*). V minulém příčestí po souhlásce
odpadává[29] koncové[25] *-i* (*nes* místo *nesl*) a u sloves   [29]be dropped
115 na *-nout* se užívá koncovky *-nul* (*zvednul* nebo
zved místo *zvedl*). Tvary s *-nu-* bývají i u slov
odvozených[30] od příčestí trpného (*vytisknutej* mí-   [30]derive
sto *vytištěn*[31]). Místo infinitivu na *-ci* je infinitiv na   [31]print
ct (*říct, tlouct*).
120 Ve skladbě a slovníku je přechod mezi spisovnou
a běžně mluvenou češtinou zvláště plynulý[32] (syn-   [32]fluid
taktických a lexikálních prvků běžné řeči se užívá
často k vyjádření stylistických odstínů[33] v beletrii).   [33]shade of meaning
Například slovesa, která se ve spisovné češtiné
125 spojují s 2. nebo 3. pádem, se v běžně mluvené
češtině spojují se 4. pádem (*užít tužku* místo *užít
tužky, učit se matematiku* místo *učit se matemati-
ce*), 7. pád ve funkci označení[34] nástroje se na-   [34]denote
hrazuje 7. pádem s předložkou *s* (*psát s perem*),
130 nerozlišuje se 3. a 4. pád zájmen *já* a *ty* atd.
Častěji se vyjadřuje zájmenný podmět; v 1. osobě
minulého času se pak někdy vynechává pomocné[27]
sloveso (*Já to nebyl. A my nic neviděli.*). Velmi
časté je nadbytečné[35] používání zájmen *ten* a *to*   [35]superfluous
135 (*Já toho Karla na tom nádraží nenašel. To já to už
nevím.*). Při oslovení s titulem „pane" bývá další
slovo v 1. pádě (*pane mistr, pane Mrázek*).
V běžné řeči se užívá některých slov, která jsou v
písemných projevech (kromě beletrie) málo obvy-
140 klá. Tato slova však sama nejsou podstatou, ale
jen průvodním[36] znakem běžně mluvené češtiny.   [36]secondary
Například se užívá jednoho slova místo spojení
několika slov (*esenbák – příslušník SNB*,[37] *trapas –*   [37]*Sbor národní bezpečnosti*
trapná událost), slov citově[18] zabarvených[19] (*kli-*
145 *ďánko – naprosto klidně, barabizna – starý a oškli-*
vý dům), některých neodborných slov přejatých[38] z   [38]borrow
cizích jazyků, hlavně z němčiny (*furt – pořád, fajn
– dobrý, dobře, lavór – umyvadlo*[39]). I některých   [39]wash basin
spojení slov se užívá hlavně v běžně mluvené řeči
150 (*mlátit hubou – moc a hlučně*[40] *mluvit*). Užívání ně-   [40]loud
kterých těchto slov bývá už znakem slangu.

Kromě toho se v běžně mluvené řeči neužívá těch tvarů a slov, která jsou jen v odborném psaném jazyce a ve „vyšším" stylu, tedy prvků knižních,[41]   [41]bookish

155 např. zájmena *jenž,* infinitivu na *-ti,* přechodníků,[42]   [42]gerund minulého podmiňovacího[28] způsobu, složitých podřadných souvětí,[43] některých typů tvoření slov   [43]complex sentence (*napsavší, nesoucí*) a stylisticky „vyšších" slov (*nicméně,*[44] *nikoli, nezměrný,*[45] *plápol*[46]).   [44]nevertheless   [45]immea-

160 Běžně mluvená čeština je tedy mladší formou čes-   surable   [46]blazing kého jazyka než značně konzervativní spisovná čeština. Obě formy češtiny mohou vyjadřovat myšlenky stejně přesně (i když různými prostředky).

Běžně mluvenou češtinu je nutné znát aspoň pasív-
165 ně, protože se jí nebo jejích prvků užívá na velké části českého jazykového území při neoficiálních rozhovorech a protože proniká i do umělecké literatury. Aktivní znalost běžně mluvené češtiny je pro cizince dost obtížná, protože tato forma
170 češtiny nemá normu a mění se podle okolností, mluvčích[8] i posluchačů (množství nespisovných prvků stoupá nebo klesá).

Poznámka:
Mezi užíváním různých nespisovných prvků jsou
175 rozdíly (některé jevy, např. 7. pád pl. na *-ma,* jsou méně výrazně nespisovné než jiné jevy, např. adjektivní skloňování přivlastňovacích[23] přídavných jmen) a zároveň jsou mezi užíváním nespisovných prvků i vzájemné vztahy (např. je možno
180 říkat spisovně *známými,* nespisovně *známejma* nebo *známýma,* ale není možno říkat *známejmi*); rozdíly ve stupni nespisovnosti se často chápou subjektivně, vztahy mezi nespisovnými prvky jsou velmi složité.

185 Běžně mluvenou češtinou se často vyjadřují v přátelském rozhovoru i ti lidé, kteří velmi dobře znají spisovnou češtinu. Užívání běžně mluvené češtiny není tedy příznak hrubosti ani nevzdělanosti, ale spíš příznak neoficiálního a přátelského vztahu.
190 Vždycky však záleží na situaci projevu: v některých situacích může působit užívání běžně mlu-

vené češtiny dojmem nevhodné žoviálnosti, v jiných situacích může působit užívání spisovného jazyka dojmem pedanterie. Nadměrné[47] užívání
195 knižních[41] slov a tvarů může působit i komicky.

[47]excessive

Excerpt from Chapter One of *Osudy dobrého vojáka Švejka* by Jaroslav Hašek

Švejk, the Czech national anti-hero, uses a wealth of non-literary words and forms in his soliloquies. Do not be surprised to find literary and non-literary forms side by side; code switching has stylistic overtones and is the rule in colloquial speech. The scene for the excerpt below is Prague 1914. Švejk has just learned of the assassination of Archduke Ferdinand in Sarajevo and decides to drop in at the local tavern for further details.

. . . Panovalo ticho, které přerušil sám Švejk povzdechem:[1] „Tak už tam je na pravdě boží, dej mu pánbůh[2] věčnou slávu. Ani se nedočkal, až bude císařem. Když já jsem sloužil na vojně, tak jeden
5 generál spadl s koně a zabil se docela klidně. Chtěli mu pomoct zas na koně, vysadit[3] ho a divějí se, že je úplně mrtvej. A měl taky avancírovat na feldmaršálka. Stalo se to při přehlídce[4] vojska. Tyhle přehlídky nikdy nevedou k dobrý-
10 mu. V Sarajevě taky byla nějaká přehlídka. Jednou se pamatuji, že mně scházelo při takové přehlídce dvacet knoflíků u mundúru[5] a že mě zavřeli za to na čtrnáct dní do ajnclíku[6] a dva dni jsem ležel jako lazar,[7] svázanej do kozelce.[8] Ale disci-
15 plína na vojně musí být, jinak by si nikdo nedělal z ničeho nic. Náš obrlajtnant[9] Makovec, ten nám vždy říkal: „Disciplína, vy kluci pitomí, musí bejt, jinak byste lezli jako vopice po stromech, ale vojna z vás udělá lidi, vy blbouni[10] pitomí." A
20 není to pravda? Představte si park, řekněme na Karláku a na každým stromě jeden voják bez disciplíny. Z toho jsem vždycky měl největší strach." „V tom Sarajevu," navazoval[11] Bretschneider, „to udělali Srbové." „To se mýlíte," odpověděl Švejk,
25 „udělali to Turci, kvůli Bosně a Hercegovině." A Švejk vyložil svůj názor na mezinárodní politiku Rakouska na Balkáně. Turci to prohráli v 1912. roce se Srbskem, Bulharskem a Řeckem. Chtěli, aby jim Rakousko pomohlo, a když se to nestalo,

[1]sigh
[2]may the Lord give

[3]seat

[4]review

[5]uniform
[6]solitary
[7]cripple [8]bind hand and foot
[9]lieutenant first grade

[10]jerk

[11]join in

30 střelili Ferdinanda. „Máš rád Turky?" obrátil se
Švejk na hostinského[12] Palivce, „máš rád ty po-   [12]innkeeper
hanský[13] psy, viď, že nemáš?"   [13]pagan
„Host jako host," řekl Palivec, „třebas Turek. Pro
nás živnostníky[14] neplatí žádná politika. Zaplať si   [14]small businessman
35 pivo a seď v hospodě a žvaň si, co chceš. To je
moje zásada. Jestli to tomu našemu Ferdinandovi
udělal Srb nebo Turek, katolík nebo mohamedán,
anarchista nebo mladočech,[15] mně je to všechno   [15]member of the Young
jedno."   Czech party
40 „Dobře, pane hostinský," ozval se Bretschneider,
který opět pozbýval[16] naděje, že z těch dvou se dá   [16]lose
někdo chytit, „ale připustíte,[17] že je to velká ztráta [17]admit
pro Rakousko."
Místo hostinského[12] odpověděl Švejk: „Ztráta to
45 je, to se nedá upřít.[18] Hrozná ztráta. Von se Ferdi- [18]deny
nand nedá nahradit nějakým pitomou.[19] Von měl   [19]blockhead
bejt jenom ještě tlustější."
„Jak to myslíte?" ožil[20] Bretschneider.   [20]come alive
„Jak to myslím?" odvětil[21] spokojeně Švejk, „do-   [21]reply
50 cela jenom takhle. Kdyby byl bejval tlustější, tak
by ho jistě už dřív ranila mrtvice,[22] když honil ty   [22]have a stroke
báby na Konopišti, když tam v jeho revíru[23] sbí-   [23]hunting ground
raly roští[24] a houby a nemusel zemřít takovou   [24]brushwood
hanebnou[25] smrtí. Když to povážím, strýc císaře   [25]shameful
55 pána, a voni ho zastřelejí. Vždyť je to ostuda,[26]   [26]disgrace
jsou toho plný noviny. U nás před léty v Budějo-
vicích probodli[27] na trhu v nějaké takové malé   [27]stab
hádce[28] jednoho obchodníka s dobytkem, nějaké-   [28]quarrel
ho Břetislava Ludvíka. Ten měl syna Bohuslava, a
60 kam přišel prodávat prasata, nikdo od něho nic
nekoupil a každý říkal: ‚To je syn toho probodnu-
týho,[27] to bude asi také pěknej lump.'[29] Musel   [29]scoundrel
skočit v Krumlově z toho mostu do Vltavy a mu-
seli ho křísit,[30] museli z něho pumpovat vodu a   [30]revive
65 von jim musel skonat[31] v náručí[32] lékaře, když mu [31]pass away   [32]arms
dal nějakou injekci." „Vy ale máte divná přirovná-
ní,"[33] řekl Bretschneider významně, „mluvíte na-   [33]compare
před o Ferdinandovi a potom o obchodníku s
dobytkem."

70 „Ale nemám," hájil se Švejk, „bůh mě chraň,
abych já chtěl někoho k někomu přirovnávat.[33]
Pan hostinský[12] mě zná. Viď, že jsem nikdy niko-
ho k někomu nepřirovnával?[33] Já bych jenom
nechtěl být v kůži té vdovy[34] po arcivévodovi.[35]   [34]widow [35]archduke
75 Co teď bude dělat? Děti jsou sirotkové, panství[36]   [36]estate
v Konopišti bez pána. A vdávat se zas za nějakého
nového arcivévodu?[35] Co z toho má? Pojede s ním
zas do Sarajeva a bude vdovou[34] po druhé . . ."

Excerpt from *R.U.R.* by Karel Čapek

In the mid-twenties theater-goers throughout Europe and America knew
the name Karel Čapek for the plays *R.U.R.* (= Rossum's Universal Robots)
and *Ze života hmyzu*. Robot, the word Čapek coined to designate R.U.R.'s
automatons, has gained international acceptance. It stems from the Czech
robota "corvée." The scene in the excerpt from the Prologue given below is
the central office of Rossum's Universal Robot Factory on an unidentified
island.

MARIUS *vstoupí*: Pane řiditeli, nějaká dáma
   prosí —

DOMIN: Kdo?

MARIUS: Nevím. *Podává vizitku.*[1]   [1]calling card

5 DOMIN *čte*: President Glory. — Že prosím.

MARIUS *otevře dveře*: Račte, paní.

   Vejde HELENA GLORYOVÁ, MARIUS odejde.

DOMIN *vstane*: Račte.

HELENA: Pan centrální řiditel Domin?

10 DOMIN: Prosím.

HELENA: Jdu k vám —

DOMIN: — s lístkem[2] presidenta Gloryho. To stačí.   [2]letter

HELENA: President Glory je můj otec. Jsem
   Helena Gloryová.

15 DOMIN: Slečno Gloryová, je pro nás neobyčejnou
   ctí, že — že —

HELENA: — že vám nemůžeme ukázat dveře.

DOMIN: Že smíme pozdravit dceru velkého presi-
   denta. Prosím, posaďte se. Sullo, můžete odejít.

20   *SULLA odejde.*

DOMIN *usedne*: Čím vám mohu posloužit,[3] slečno   [3]be of service
   Gloryová?

HELENA: Já jsem přijela —

DOMIN: — podívat se na naši tovární výrobu lidí.

25   Jako všechny návštěvy. Prosím, beze všeho.[4]   [4]be my guest

HELENA: Myslela jsem, že je zakázáno —

DOMIN: — vstoupit do továrny, ovšem. Jenže
   každý sem přijde s něčí vizitkou,[1] slečno Glory-
   ová.

30 HELENA: A vy ukážete každému . . .?

DOMIN: Jen něco. Výroba umělých lidí, slečno, je
tovární tajemství.

HELENA: Kdybyste věděl, jak mne to —

DOMIN: — nesmírně zajímá. Stará Evropa o jiném
35   ani nemluví.

HELENA: Proč mne nenecháte domluvit?

DOMIN: Prosím za prominutí. Chtěla jste snad říci
něco jiného?

HELENA: Chtěla jsem se jen zeptat —

40 DOMIN: — zda bych vám zcela vyjímečně[5] neuká-   [5] as an exception
zal naši továrnu. Ale zajisté, slečno Gloryová.

HELENA: Jak víte, že jsem se na to chtěla ptát?

DOMIN: Všichni se ptají stejně.

Vstane. Ze zvláštní úcty, slečno, vám ukážeme
45   víc než jiným a — jedním slovem —

HELENA: Děkuji vám.

DOMIN: Zavážete-li[6] se, že nikomu neprozradíte   [6] pledge
ani to nejmenší —

HELENA *vstane a podává mu ruku*: Mé čestné slovo.

50 DOMIN: Děkuji. Nechtěla byste snad sejmout[7] zá-   [7] remove
voj?[8]   [8] veil

HELENA: Ach, ovšem, vy chcete vidět — Promiňte.

DOMIN: Prosím?

HELENA: Kdybyste mi pustil ruku.

55 DOMIN *pustí*: Prosím za prominutí.

HELENA *sníma*[7] *závoj*:[8] Chcete vidět, nejsem-li vy-
zvědač.[9] Jak jste opatrni.   [9] spy

DOMIN *pozoruje ji nadšeně*: Hm — ovšem — my
— tak jest.

60 HELENA: Vy mi nedůvěřujete?

DOMIN: Neobyčejně, slečno Hele — pardon, slečno
Gloryová. Vskutku neobyčejně potěšen — Měla
jste dobrou plavbu?[10]   [10] voyage

HELENA: Ano. Proč —

65 DOMIN: Protože — míním totiž — že jste ještě
velmi mladá.

HELENA: Půjdeme hned do továrny?

DOMIN: Ano. Myslím dvaadvacet, ne?

HELENA: Dvaadvacet čeho?

70 DOMIN: Let.

HELENA: Jedenadvacet. Proč to chcete vědět?

DOMIN: Protože — poněvadž — *s nadšením.* Zdržíte se déle, že ano?

HELENA: Podle toho, co mi ukážete z výroby.

75 DOMIN: Čertova výroba! Ale zajisté, slečno Gloryová, všechno uvidíte. Prosím, posaďte se. Zajímala by vás historie vynálezu?

HELENA: Ano, prosím vás. *Usedne.*

DOMIN: Tak tedy. *Sedne si na psací stůl,*[11] *pozoruje*   [11]desk
80 *Helenu uchvácen*[12] *a odříkává*[13] *rychle:* Bylo to   [12]fascinated   [13]recite
roku 1920 kdy se starý Rossum veliký fyziolog
ale tehdy ještě mladý učenec[14] odebral[15] na ten-   [14]scholar   [15]depart
to daleký ostrov aby studoval mořské živočiš-
stvo[16] tečka. Přitom se pokoušel napodobit che-   [16]fauna
85 mickou syntézou živou hmotu řečenou proto-
plazma až najednou objevil látku která se cho-
vala naprosto jako živá hmota ač byla jiného
chemického složení[17] to bylo roku 1932 právě   [17]composition
čtyři sta čtyřicet let po objevení Ameriky, uf.

90 HELENA: To umíte zpaměti?

DOMIN: Ano; fyziologie, slečno Gloryová, není mým řemeslem. Tak dál?

HELENA: Třeba.

DOMIN *slavnostně:* A tehdy, slečno, starý Rossum
95 napsal mezi své chemické vzorce[18] tohleto: „Pří-   [18]formula
roda našla jen jeden způsob, jak organizovat ži-
vou hmotu. Je však jiný způsob, jednodušší,
tvárnější[19] a rychlejší, na nějž příroda vůbec ne-   [19]flexible
narazila. Tuto druhou cestu, po které se mohl
100 brát vývoj života, jsem dnešního dne objevil."
Představte si slečno, že tahle veliká slova psal
nad chrchlem[20] jakéhosi kolloidálního rosolu,[21]   [20]phlegm   [21]jelly
který by ani pes nesežral.[22] Představte si ho, že   [22]eat
sedí nad zkumavkou[23] a myslí na to, jak z ní   [23]test-tube
105 vyroste celý strom života, jak z ní budou vychá-
zet zvířata, počínaje nějakým vířníkem[24] a kon-   [24]rotifer
če — konče samotným člověkem. Člověkem z
jiné látky než jsme my. Slečno Gloryová, to byl
ohromný okamžik.

110 HELENA: Tak dál.

DOMIN: Dál? Teď šlo o to dostat život ze zkumav-
ky[23] ven a zrychlit[25] vývoj a utvořit[26] nějaké ty
orgány, kosti a nervy a kdesi cosi[27] a nalézt
jakési takové latky, katalyzátory, enzymy, hor-
115   mony a tak dále, zkrátka, rozumíte tomu?

HELENA: N-n-nevím. Myslím, že jen málo.

DOMIN: Já docela nic. Víte, pomocí těch vodiček
mohl dělat, co chtěl. Mohl třeba dostat medú-
zu[28] se Sokratovským mozkem nebo žížalu[29] pa-
120   desát metrů dlouhou. Ale protože neměl kouska
humoru, vzal si do hlavy, že udělá normálního
obratlovce[30] nebo snad člověka. A tak se do
toho pustil.

HELENA: Do čeho?

125   DOMIN: Do napodobení přírody. Nejdřív zkusil
udělat umělého psa. Stálo ho to řadu let, vyšlo
z toho cosi jako zakrnělé[31] tele[32] a pošlo[33] to za
pár dní. Ukážu vám to v muzeu. A pak už se
dal starý Rossum do vytváření[34] člověka.

130   *Pauza.*

HELENA: A to nesmím nikomu prozradit?

DOMIN: Nikomu na světě.

HELENA: Škoda, že už je to ve všech čítankách.

DOMIN: Škoda. *Seskočí*[35] *se stolu a usedne vedle*
135   *Heleny.* Ale víte, co v čítankách není? *Ťuká*[36] *si*
na čelo. Že byl starý Rossum úžasný blázen.
Vážně, slečno Gloryová, ale tohle nechte pro
sebe. Ten starý výstředník[37] chtěl opravdu dělat
lidi.

140   HELENA: Ale vždyť vy děláte lidi!

DOMIN: Přibližně, slečno Heleno. Ale starý Ros-
sum to mínil doslovně. Víte, chtěl jaksi vědecky
sesadit[38] Boha. Byl strašlivý materialista a proto
to všechno dělal. Nešlo mu o nic víc než podat
145   důkaz, že nebylo žádného Pánaboha zapotřebí.
Proto si umanul[39] udělat člověka navlas[40] jako
jsme my. Znáte trochu anatomii?

HELENA: Jen — docela málo.

DOMIN: Já také. Představte si, že si vzal do hlavy
150   vyrobit všechno do poslední žlázy[41] jako v lid-

[25]accelerate [26]create
[27]whatnot

[28]jellyfish [29]earthworm

[30]vertebrate

[31]stunted [32]calf [33]die

[34]create

[35]jump off
[36]tap

[37]eccentric

[38]dethrone

[39]take into one's head
[40]to the last hair

[41]gland

ském těle. Slepé střevo,[42] mandle,[43] pupek,[44]   [42]appendix [43]tonsils [44]navel
samé zbytečnosti.Dokonce i — hm — i pohlav-
ní žlázy.[41]

HELENA: Ale ty přece — ty přece —

155 DOMIN: — nejsou zbytečné, já vím. Ale mají-li se
lidé uměle vyrábět, pak není — hm — nijak
třeba. —

HELENA: Rozumím.

DOMIN: Ukážu vám v muzeu, co spackal[45] za deset   [45]concoct
160 let dohromady. Měl to být muž, žilo to celé tři
dny. Starý Rossum neměl trochu vkusu. Bylo to
hrozné, co udělal. Ale mělo to uvnitř všechno,
co má člověk. Skutečně, úžasně piplavá[46] práce.   [46]intricate
A tehdy sem přišel inženýr Rossum, synovec
165 starého. Geniální hlava, slečno Gloryová. Jak
uviděl, co tropí[47] starý, řekl: „To je nesmysl vy-   [47]be up to
rábět člověka deset let. Nebudeš-li ho vyrábět
rychleji než příroda, pak na ten celý krám na-
kašlat.“[48] A pustil se sám do anatomie.   [48]forget about
170 HELENA: V čítánkách je to jinak.

DOMIN vstane: V čítánkách je placená reklama[49] a   [49]advertising
ostatně nesmysl. Stojí tam například, že Roboty
vynalezl starý pán. Zatím se starý hodil snad na
univerzitu, ale o tovární výrobě neměl ponětí.[50]   [50]idea
175 Myslel, že udělá skutečné lidi, tedy snad nějaké
nové indiány, docenty nebo idioty, víte? A te-
prve mladý Rossum měl nápad udělat z toho
živé a inteligentní pracovní stroje. Co je v čítán-
kách o spolupráci obou velikých Rossumů, je
180 povídačka.[51] Ti dva se ukrutně[52] hádali. Starý   [51]tall story [52]fierce
ateista neměl drobet[53] pochopení pro industrii,   [53]bit
a konečně ho mladý zavřel do nějaké laboratoře,
aby se tam piplal[54] se svými velikými potraty,[55]   [54]fuss about [55]abortion
a začal to vyrábět sám, po inženýrsku. Starý
185 Rossum ho doslovně proklel[56] a do své smrti   [56]curse
usmolil[57] ještě dvě fyziologické obludy,[58] až ho   [57]put together [58]monster
nakonec našli v laboratoři mrtvého. To je celá
historie.

HELENA: A co tedy mladý.

190 DOMIN: Mladý Rossum, slečno, to byl nový věk.

Věk výroby po věku poznání. Když si okoukl[59]   [59]become familiar with
anatomii člověka, viděl hned, že to je příliš
složité a že by to dobrý inženýr udělal jednodu-
šeji. Začal tedy předělávat[60] anatomii a zkoušel,   [60]remodel
195 co se dá vynechat nebo zjednodušit[61] — Zkrát-   [61]simplify
ka, slečno Gloryová, nenudí[62] vás to?   [62]bore
HELENA: Ne, naopak, je to hrrozně[63] zajímavé.   [63]= hrozně

DOMIN: Tak tedy mladý Rossum si řekl: Člověk,
to je něco, co dejme tomu cítí radost, hraje na
200 housle, chce jít na procházku a vůbec potřebuje
dělat spoustu věcí, které — které jsou vlastně
zbytečné.

HELENA: Oho!

DOMIN: Počkejte. Které jsou zbytečné, když má
205 třeba tkát[64] nebo sčítat.[65] Naftový[66] motor nemá   [64]weave   [65]do sums   [66]oil
mít třapce[67] a ornamenty, slečno Gloryová. A   [67]tassel
vyrábět umělé dělníky je stejné jako vyrábět
naftové motory. Výroba má být co nejjednoduš-
ší a výrobek prakticky nejlepší. Co myslíte, jaký
210 dělník je prakticky nejlepší?

HELENA: Nejlepší? Snad ten, který — který —
Když je poctivý — a oddaný.[68]   [68]dedicated

DOMIN: Ne, ale ten nejlacinější. Ten, který má
nejmíň potřeb. Mladý Rossum vynalezl dělníka
215 s nejmenším počtem potřeb! Musel ho zjedno-
dušit.[61] Vyhodil všechno, co neslouží přímo prá-
ci. Tím vlastně vyhodil člověka a udělal Robota.
Drahá slečno Gloryová, Roboti nejsou lidé.
Jsou mechanicky dokonalejší než my, mají úžas-
220 nou rozumovou inteligenci, ale nemají duši. O,
slečno Gloryová, výrobek inženýra je technicky
vytříbenější[69] než výrobek přírody.   [69]refined

HELENA: Říká se, že člověk je výrobek boží.

DOMIN: Tím hůř. Bůh neměl ani ponětí[50] o mo-
225 derní technice. Věřila byste, že si nebožtík[70]   [70]the late
mladý Rossum zahrál[71] na Boha?   [71]play

HELENA: Jak, prosím vás?

DOMIN: Začal vyrábět Nadroboty. Pracovní obry.[72]   [72]giant
Zkusil to s postavami čtyřmetrovými, ale to
230 byste nevěřila, jak se ti mamuti[73] lámali.   [73]mammoth

HELENA: Lámali?

DOMIN: Ano. Z ničeho nic[74] jim praskla[75] noha nebo něco. Naše planeta je patrně trochu malá pro obry.[72] Teď děláme jen Roboty přirozené
235 velikosti a velmi slušné lidské úpravy.

HELENA: Viděla jsem první Roboty u nás. Obec je koupila . . . chci říci vzala do práce —

DOMIN: Koupila, drahá slečno. Roboti se kupují.

HELENA: — získala jako metaře.[76] Viděla jsem je
240 měst.[77] Jsou tak divní, tak tiší.

DOMIN: Viděla jste mou písařku?[78]

HELENA: Nevšimla jsem si.

DOMIN *zvoní*: Víte, akciová[79] továrna Rossumových Univerzálních Robotů dosud nevyrábí
245 jednotné zboží. Máme jemnější a hrubší Roboty. Ti lepší budou snad žít dvacet let.

HELENA: Pak hynou?

DOMIN: Ano, optřebují[80] se.

Vstoupí SULLA.

250 DOMIN: Sullo, ukažte se slečně Gloryové.

HELENA *vstane a podává jí ruku*: Těší mne. Je vám asi hrozně smutno tak daleko od světa, viďte?

SULLA: To neznám, slečno Gloryová. Račte usednout, prosím.

255 HELENA *usedne*: Odkud jste, slečno?

SULLA: Odtud, z továrny.

HELENA: Ah, vy jste se narodila tady?

SULLA: Ano, byla jsem tu udělána.

HELENA *vyskočí*:[81] Cože?

260 DOMIN *směje se*: Sulla není člověk, slečno. Sulla je Robot.

HELENA: Prosím za odpuštění —

DOMIN *položí ruku Sulle na rameno*: Sulla se nehněvá. Podívejte se, slečno Gloryová, jakou dě-
265 láme pleť.[82] Sáhněte jí na tvář.

HELENA: Oh, ne, ne!

DOMIN: Nepoznala byste, že je z jiné látky než my. Prosím, má i typické chmýří[83] blondýnek. Jen oči jsou drobátko[84] — ale za to vlasy! Obraťte
270 se, Sullo!

[74]for no reason at all
[75]crack

[76]streetcleaner
[77]sweep
[78]typist

[79]joint stock

[80]wear out

[81]jump up

[82]complexion

[83]down
[84]tiny

HELENA: Přestaňte už!

DOMIN: Pohovořte[85] si s hostem, Sullo. Je to vzác-   [85]chat
ná návštěva.

SULLA: Prosím, slečno, posaďte se. *Obě usednou.*

275   Měla jste dobrou plavbu?[10]

HELENA: Ano — za — zajisté.

SULLA: Nevracejte se po Amélii, slečno Gloryová.
Barometr silně klesá, na 705. Počkejte na Penn-
sylvanii, to je velmi dobrá, velmi silná loď.

280 DOMIN: Kolik?

SULLA: Dvacet uzlů[86] za hodinu. Tonáž[87] dvanáct   [86]knot [87]tonnage
tisíc.

DOMIN *směje se*: Dost, Sullo, dost. Ukažte nám,
jak umíte francouzsky.

285 HELENA: Vy umíte francouzsky?

SULLA: Umím čtyři jazyka. Píši Dear Sir! Mon-
sieur! Geehrter Herr! Ctěný[88] pane!   [88]honorable

HELENA *vyskočí*: To je humbuk! Vy jste šarlatán!
Sulla není Robot, Sulla je děvče jako já! Sullo,

290   to je hanebné![89] — Proč hrajete takovou kome-   [89]shameful
dii?

SULLA: Já jsem Robot.

HELENA: Ne, ne, vy lžete! Oh, Sullo, odpusťte, já
vím — donutili vás, abyste jim dělala reklamu![49]

295   Sullo, vy jste děvče, jako já, že? Řekněte!

DOMIN: Lituji, slečno Gloryová, Sulla je robot.

HELENA: Vy lžete!

DOMIN *vztyčí[90] se*: Jakže?[91] *Zazvoní.* Promiňte,   [90]stiffen [91]how's that?
slečno, pak vás musím přesvědčit.

300   *Vejde* MARIUS.

DOMIN: Marie, doveďte Sullu do pitevny,[92] aby ji   [92]dissecting room
otevřeli. Rychle!

HELENA: Kam?

DOMIN: Do pitevny.[92] Až ji rozříznou,[93] půjdete se   [93]slit open

305   na ni podívat.

HELENA: Nepůjdu.

DOMIN: Pardon, mluvila jste o lži.

HELENA: Vy ji chcete dát zabít?

DOMIN: Stroje se nezabíjejí.

310 HELENA *obejme Sullu*: Nebojte se, Sullo, já vás

nedám! Řekněte, drahoušku,[94] jsou k vám všichni tak suroví? To si nesmíte dát líbit,[95] slyšíte? Nesmíte! Sullo!

SULLA: Já jsem Robot.

315 HELENA: To je jedno.[96] Roboti jsou stejně dobří lidé jako my. Sullo, vy byste se nechala rozříznout?[93]

SULLA: Ano.

HELENA: Oh, vy se nebojíte smrti?

320 SULLA: Neznám, slečno Gloryová.

HELENA: Víte, co by se pak s vámi stalo?

SULLA: Ano, přestala bych se hýbat.

HELENA: To je hrrozné![63]

DOMIN: Marie, řekněte slečně co jste.

325 MARIUS: Robot Marius.

DOMIN: Dal byste Sullu do pitevny?

MARIUS: Ano.

DOMIN: Litoval byste jí?

MARIUS: Neznám.

330 DOMIN: Co by se s ní stalo?

MARIUS: Přestala by se hýbat. Dali by ji do stoupy.[97]

DOMIN: To je smrt, Marie. Bojíte se smrti?

MARIUS: Ne.

335 DOMIN: Tak vidíte, slečno Gloryová. Roboti nelpí[98] na životě. Nemají totiž čím. Nemají požitků.[99] Jsou méně než tráva.

HELENA: Oh, přestaňte! Pošlete je aspoň pryč.

DOMIN: Marie, Sullo, můžete odejít.

340   *Sulla a Marius odejdou.*

HELENA: Jsou hrrozní! to je ohavné,[100] co děláte!

DOMIN: Proč ohavné?[100]

HELENA: Nevím. Proč — proč jste jí dali jméno Sulla?

345 DOMIN: Nehezké jméno?

HELENA: Je to mužské jméno. Sulla byl římský vojevůdce.[101]

DOMIN: Oh, mysleli jsme, že Marius a Sulla byli milenci.

[94]dear girl
[95]put up with

[96]that doesn't matter

[97]crusher

[98]cling
[99]pleasure

[100]abominable

[101]commander

Masaryk a Tolstoj and
Masaryk o socialismu a marxismu

The figure of Tomáš Garrigue Masaryk dominated the First Czechoslovak Republic. *Hovory s TGM,* the book from which these selections were taken, is a first-person account of the life and ideas of this great statesman and scholar as told to the author Karel Čapek. The first selection treats Masaryk's friendship with Tolstoy, the second his attitudes toward socialism and Marxism.

Vyhledal[1] jsem Tolstého; neměl jsem pokdy[2] ho proštudovat[3] četbou[4] jako Dostojevského, tož[5] jsem ho chtěl poznat osobně. Prvně jsem ho navštívil v Moskvě v jeho paláci. Pamatuju se jako
5 dnes, jak mi skoro s hrdostí ukazoval svou pracovnu:[6] dřevěný selský strop, co by rukou dosáhl, ale ten strop byl dodatečně[7] zadělán[8] do vysoké panské komnaty.[9] V té selské jizbě[10] psací stůl a pohodlné kožené křeslo[11] a divan — do selské
10 jizby[10] se to rozhodně nehodilo. Měl dřevěné švarcvaldské hodiny, honosil[12] se, že stály jen třicet pět kopějek. Chodil v přepásané[13] mužické[14] rubášce[15] a v botách, které si sám šil; to se rozumí, byly špatně šité. Na čaj mě uvedl do panských pokojů
15 — samý červený samet,[16] jak bylo zvykem v šlechtických[17] domech. Paní hraběnka[18] mu přistrčila[19] obvyklé zavaření,[20] ale on, jako by to nepozoroval, srkal[21] čaj po mužicku[24] skrze kousek cukru. Po čaji jsme šli do parku; hovořili jsme o Schopen-
20 hauerovi, kterému Lev Nikolájevič špatně rozuměl; uprostřed řeči se zastavil jako mužík na mezi[22] a vybídl[23] mě k následování — mně to připadalo chtěné,[24] uměle primitivní, nepřirozené.
Lev Nikolájevič mě pak pozval i do Jasné Poljany.
25 Jel jsem z Tuly kibitkou[25] — před vsí můstek[26] tak rozbitý, že by si koně polámali[27] nohy; museli jsme objíždět. Před polednem jsem dojel do zámku; řekli mně, že Lev Nikolájevič ještě spí, protože

[1]go to see [2]not have time to [3]study thoroughly [4]reading [5]so

[6]study

[7]afterwards [8]install [9]chamber [10]room [11]chair

[12]boast [13]belt [14]muzhik [15]shirt (Russian)

[16]velvet [17]noble [18]countess [19]add [20]jam (Russian) [21]slurp

[22]border strip [23]urge [24]forced

[25]hooded cart [26]bridge (dim.) [27]break

prodebatoval celou noc s Čertkovem a hosty. Šel
30 jsem tedy zatím do vsi; byla špinavá a ubohá.
Před jednou chalupou pracoval mladý mužík; dal
jsem se s ním do řeči a vidím, že má pod rozhale-
nou[28] košilí nějakou vyrážku[29] — příjice.[30] V jiné   [28]open   [29]rash   [30]syphilis
chatrči[31] jsem našel na peci[32] stařenu[33] ve špíně a   [31]hut   [32]stove   [33]old woman
35 bez pomoci, pracující k smrti. Vrátil jsem se k Tol-
stému; ten den k němu došel mladý Gay, syn ma-
líře, jeho stoupenec;[34] ten se oprostil[35] tak dalece,   [34]disciple   [35]become simple
že šel k Tolstým zdaleka pěšky, protože železnice
prý není mužická;[14] přišel tak zavšiven,[36] že se   [36]infect with lice
40 musil honem vykoupat a vydrhnout.[37] Tolstoj sám   [37]scrub
mi řekl, že pil ze sklenice syfilitikovy, aby mu
nedal najevo[38] ošklivost a neponížil[39] ho; na to   [38]show   [39]humiliate
myslel, ale očistit[40] své sedláky od nákazy,[41] na to   [40]cleanse   [41]infection
ne. A když začal vykládat, že se máme oprostit,[35]
45 že máme žít po mužicku[14] a tak, řekl jsem mu: A
co ten váš dům a salon, ta křesla[11] a divany? A co
ten bědný život vašich sedláků? To je oproštění?[35]
Vy sic nepijete, ale kouříte cigaretu za cigaretou;
když askeze,[42] tož[5] důsledná. Mužík žije chudě,   [42]asceticism
50 protože je chudý, ale ne proto, aby byl asketou. A
řekl jsem mu, co jsem viděl v jeho vsi, ten nepořá-
dek, nemoci, špínu a to všecko. Pro Boha dobrého,
to nevidíte? Vy, takový umělec, neumíte to pozoro-
vat? Šít si sám boty, chodit pěšky místo jet vlakem,
55 je to jen maření času; co[43] lepších věcí by se za tu   [43]how many
dobu dalo udělat! Citoval jsem mu anglické pří-
sloví: Cleanliness is godliness, a naše české: čistota
půl zdraví. Zkrátka, nemohli jsme si rozumět.
Hraběnka[18] byla rozumná žena, viděla nerada, jak
60 Tolstoj by všechno nerozumně rozdal,[44] myslela   [44]give away
na své děti. Nemohu si pomoci, v tom jejím roz-
poru[45] se Lvem Nikolájevičem jsem dával spíš za   [45]disagreement
pravdu[46] jí.   [46]agree with
Potřetí jsem navštívil Tolstého krátce před jeho
65 smrtí, roku 1910; to už se vnitřně docela rozešel[47]   [47]part with
se ženou. Byl velmi nervózní a neopanoval[48] se. V   [48]control
té době byl u něho a ve vsi lékařem náš doktor
Makovický. Byl jednostranně[49] zaujat[50] pro Tol-   [49]one-sided   [50]biased

stého a jeho učení; míval za nehtem[51] kousek
70 tuhy[52] a tou v kapse do notýsku[53] zapisoval,[54] co
Lev Nikolájevič mluvil. Prostota,[55] oprostit se.[35]
Můj ty Bože! Problém města a venkova se nedá
řešit sentimentální morálku a prohlašováním se-
dláka a venkovana za vzor ve všem; zemědělství
75 dnes se již také industrializuje, nemůže být bez
strojů, a sedlák potřebuje vyššího vzdělání než
jeho dědové — o tom všem je i u nás ještě mnoho
nesprávných názorů z zděděných předsudků.
Nejvíc se přeli[56] o neodpírání[57] zlému; nepochopo-
80 val, že neběží jen o odpírání[58] násilné,[59] nýbrž o
boj proti zlému na celé čáře; neviděl rozdílu mezi
defensivou a ofensivou, myslel si, že by například
tatarští nájezdníci,[60] kdyby jim Rusové neodporo-
vali,[61] po krátkém zabíjení od násilí[62] ustali.[63]
85 Moje teze zněla: Když mě někdo napadne, aby mě
zabil, budu se bránit, a nebude-li jiné pomoci,
zabiju násilníka;[64] když už jeden ze dvou má být
zabit, ať je zabit ten, kdo má zlý úmysl.

[51]nail
[52]graphite [53]memo book
[54]note down [55]simplicity

[56]argue [57]non-resistance
[58]resistance [59]violent

[60]invader
[61]resist [62]violence [63]desist

[64]assailant

Masaryk o socialismu a marxismu

Můj socialismus, to je jednoduše láska k bližnímu,[1]
humanita. Přeji si, aby nebylo bídy, aby všichni
lidé slušně žili prací a v práci, aby každý měl pro
sebe dost místa, elbow-room, jak říkají Amerikáni.
5 Humanita, to není bývalá filantropie; filantropie
jenom pomáhá tu a tam, ale humanita hledí opra-
vit[2] poměry[3] zákonem a řádem. Je-li toto socia-
lismus, tož dobrá.
V rovnost — rovnost naprostou — nevěřím, ve
10 hvězdách ani v lidech není rovnosti. Vždycky byli
a budou jednotlivci, kteří svým nadáním a nekon-
trolovatelným shlukem[4] okolností víc dovedou a
víc dosáhnou; vždycky bude hierarchie mezi lidmi.
Ale hierarchie znamená pořádek, organizaci, ká-
15 zeň,[5] vedení[6] a poslouchání, nikoli vykořisťování[7]

[1]fellowman

[2]correct [3]conditions

[4]combination

[5]discipline [6]leadership

člověka člověkem. Nepřijímám tedy komunismu; Lenin, sotva byl u moci, volal také po vůdčích[8] osobnostech. Čím déle žiji, tím víc poznávám tu zvláštní roli jedinců ve vývoji lidstva; ale opakuji:
20 vyšší nadání a tak zvané štěstí neopravňují[9] k vykořisťování[7] méně nadaných a méně šťastných. Nevěřím, že lze zrušit všechno soukromé vlastnictví;[10] osobní vztah, to zvláštní *pretium affectionis*,[11] které váže vlastníka k jeho majetku, je dobré v
25 zájmu hospodářského pokroku. Komunism je možný, ale jen mezi bratry, v rodině nebo v náboženské a přátelské obci; může být udržen jen opravdovou láskou. Nepřijímám třídního boje; jsou stavy a třídy, jsou stupně mezi lidmi; ale to
30 neznamená boj, to znamená organizaci přirozené a historicky vyvinuté nerovnosti, vyrovnávání, vzestup[12] a vývoj. Nejsem slepý a naivní, abych neviděl nespravedlnosti a útisku,[13] a vím, že jednotlivci, stavy a třídy musí bránit svých zájmů, ale to
35 mně neznamená *homo homini lupus,*[14] jak to už dávno bylo řečeno. Pokud běží o marxism: marxism je hospodářská teorie a filozofie, zejména filozofie dějin. Hospodářská teorie je věc vědeckého zkoumání, revize a
40 zlepšování, tak jako se děje v každé vědě; a také ta filozofie, jako každá jiná filozofie, musí být podrobena[15] kritice a volné úvaze. Proto vznikl revizionism a vzniká teď opět. Každá revize víry a programu bolí; ale bez té bolesti by nebylo vývoje.
45 Já nemám v kapse hotovou sociální doktrinu; řekl bych to tak — už jsem to kdysi tak pověděl: vždycky jsem pro dělníky a lidi pracující vůbec, často pro socialism a zřídka pro marxism. Mé názory o socialismu vyplývají z mého pojmu
50 demokracie; revoluce, diktatura může někdy rušit špatné věci, ale netvořívá dobrých a trvalých. Neblahou[16] v politice je netrpělivost. Když tak povážím,[17] že lidské dějiny, pokud o nich máme památky, trvají snad jen nějakých deset tisíc let, že jsme
55 teprve na prahu vývoje, jakpak si mohu myslet, že

[7]exploitation
[8]leading
[9]justify
[10]ownership [11]value of affinity
[12]rise
[13]oppression
[14]man is a wolf to man
[15]subject
[16]fatal
[17]consider

nějaký ten vašnosta,[18] césarista nebo revolucionář
jedním rázem[19] ten vývoj definitivně dovrší?[20] Ne-
ní tomu ani dvě stě let, co bylo zrušeno nevolnic-
tví[21] a otroctví,[22] ještě míň, co byla zrušena robo-
60 ta;[23] sotva sto, ba sotva padesát let, co se vědomě
a soustavně pracuje na sociálních problémech děl-
nictva a malých lidí vůbec. Představte si, že máme
před sebou ještě statisíce, milióny let — a to
chceme být již se vším hotovi? To se rozumí, hla-
65 dový[24] se budoucnosti nenají;[25] víra ve vývoj a
pokrok nás nesprošťuje[26] našich povinností k po-
třebám dneška.

[18]bigwig

[19]in one fell swoop

[20]accomplish

[21]serfdom   [22]slavery

[23]corvée

[24]hungry   [25]eat one's fill

[26]absolve

Beneš — symbolem by J. L. Hromádka

Edvard Beneš succeeded Masaryk as president of the First Republic. This essay deals with the relationship between the two statesmen. It comes from a collection of essays by J. L. Hromádka entitled *S druhého břehu. Úvahy z amerického exilu, 1940–1945* (Prague 1946).

Budoucí historikové a filozofové budou pořád a pořád srovnávat Masaryka a Beneše. Dlouholetá spolupráce těchto dvou mužů a dějinné události od první světové války do Mnichova bude pro ně
5 jedinečným předmětem studia. Masaryk se zvláštní zálibou[1] upozorňoval na některé příklady intimní, loajální spolupráce a věrného přátelství. V lásce a sympatii[2] viděl nejkrásnější projev lidství — a jeho mysl byla jaksi i filosoficky povznesena,[3]
10 když zjistil mezi vědeckými nebo veřejnými pracovníky oddané[4] a nehasnoucí přátelství. Byl dojat lidským vztahem mezi Marxem a Engelsem. „Líbí se mi Engelsova oddanost[4] k Marxovi, jako že jejich téměř 40letá spolupráce je krásným pří-
15 kladem přátelství vědeckého. To mluví pro oba." Anebo vzájemná oddanost mezi Palackým a Havlíčkem! Masaryk nikdy na ni nezapomněl. Jemu samému se dostalo takového daru přátelské, věrné spolupráce. O nikom ze svých politických přátel
20 se nevyslovoval s takovou něhou[5] jako o Benešovi. Byli si blízcí v celkovém výkladu soudobých dějin duchovních, sociálních i politických. Je mnoho podobnosti v jejich kladném úsilí o reformu a přestavbu[6] společnosti, ve které vyrůstali. Masaryk
25 doufal „proti naději", že staré feudální a monarchistické Rakousko může být přehněteno[7] moudrými státníky[8] v moderní, sociálně i politicky pokrokový stát; že se tak může stát bez krvavých a revolučních otřesů.[9] Ale sám se stal symbolem sil,
30 které rozbily Rakousko a na jeho sutinách[10] vytvořily nový pořádek. Edvard Beneš věřil, že je možno zachránit evropskou demokracii a vlít[11] do

[1]pleasure

[2]affection

[3]uplift

[4]devoted

[5]tenderness

[6]reconstruction

[7]transform

[8]statesman

[9]catastrophe

[10]ruin

[11]inject

jejích žil[12] železo víry a přesvědčení, věrnost zása-
dam a sílu obětavého odporu proti tyranii. Nako-
35 nec se stal nejtragičtějším svědkem a dočasnou
obětí nejen brutálního režimu Hitlerova, nýbrž i
„neuvěřitelného úpadku[13] evropských demokracií".
Vítězství evropského fašismu bylo umožněno vni-
třní slabostí, chorobou a slepotou těch demokra-
40 tických států, které 1918 vítězně zdolaly[14] režimy
reakce a nesvobody.
Toto srovnání Masaryka a Beneše zajisté kulhá[15]
— aspoň na první pohled. Masaryk se stal symbo-
lem vítězství nad Rakouskem, Beneš symbolizoval
45 pád demokratické Evropy, pro kterou pracoval a
bojoval po více než dvacet let. Ale přece smíme
srovnávat. Neboť Beneš nepadl jako představitel
úpadku.[13] Když se dnes pokoušíte odpovědět na
otázku, kdo v roce 1938 byl nejvýraznější a nej-
50 historičtější osobností na straně politického pokro-
ku, vnutí[16] se vám postava Benešova. Proti niko-
mu z vedoucích státníků[8] evropských se nevybíje-
la[17] Hiterova hysterie zuřivěji[18] a sprostěji než
proti Benešovi. Tenkráte nikdo neztělesňoval[19]
55 svou osobností a prací před fórem celého světa
vznešenou věc evropského společenství[20] určitěji
než Beneš. V něm se slil[21] osud československé
tradice národní a lidské svobody tak pronikavě, že
jeho pád znamenal ohromný otřes[9] celé Evropy —
60 a naopak, v dočasně zchátralé[22] Evropě nebylo
místa pro jeho vůdcovství.[23]

[12]vein
[13]decline
[14]vanquish
[15]be lame
[16]impose
[17]vent [18]furious
[19]embody
[20]community
[21]coalesce
[22]demoralized
[23]leadership

Úvod do slovenštiny by Jaromír Bělič

This brief account of the principal differences between Czech and Slovak comes from the preface to *Slovenština: Vysokoškolská učebnice pro studijící českého jazyka* (Prague, 1964). It is followed by a passage from a novel entitled *Kŕdeľ divých Adamov* (A Flock of Wild Adams) by Ladislav Ťažký, a Slovak author known for his treatment of the Second World War. Side by side with the original Slovak text is a literal translation into Czech.

Slovenština je národní jazyk příslušníků slovenského národa. Na celém Slovensku se ovšem nemluví zcela stejně, neboť v různých částech slovenského území existují dosti rozmanitá nářečí, avšak všech-
5 na tato nářečí jsou podřízena[1] spisovné slovenšti-   [1]subordinate
ně, která v podstatě vyrostla z nářečí středoslo-
venských a stala se jednotným dorozumívacím[2]   [2]of communication
prostředkem celého národa . . .
Jako jazyk slovanský je slovenština příbuzná s ji-
10 nými slovanskými jazyky, velmi blízká je přede-
vším češtině, s níž dohromady tvoří zvláštní jazy-
kovou skupinu nejen v širokém rámci všech slo-
vanských jazyků, nýbrž i uvnitř těsněji příbuzných
jazyků západoslovanských . . . Vedle společných
15 znaků však existují mezi slovenštinou a češtinou
dosti výrazné rozdíly. K nejvýznamnějším diferen-
cím patří tyto:
1. Ve spisovné češtině a ve značné části slovenských
nářečí jsou za někdejší[3] silné jery[4] střídnice[5] *e, o, a*   [3]former [4]jer [5]reflex
20 proti jednotnému českému a zčásti i nářečnímu
slovenskému *e* (srov. např. čes. *ten, ven, mech*[6] a   [6]moss
sloven. *ten, von, mach*).
2. Čeština se od slovenštiny (stejně jako od ostat-
ních slovanských jazyků) značně odlišila tzv. pře-
25 hláskami[7] *'a > ě (e), 'u > i* a změnou *aj > ej* (srov.   [7]ablaut
sloven. *duša*, akus. *dušu*, imper. *daj* — čes. *duše,*
duši, dej), které zčásti přivodily[8] i větší rozmanitost   [8]cause
českého skloňování a časování. Přehlásky[7] však
nejsou provedeny ve všech českych nářečích a na-
30 opak v některých slovenských nářečích provedeny

jsou, třebaže v jiném rozsahu.

3. Dosti výrazný je též rozdíl ve střídnicích[5] za někdejší[3] dvojhlásku[9] *ě*: v slovenštině je v krátkých slabikách veskrze[10] *e*, např. *seno, bežať, pena, veriť,* 35 *mesto,* kdežto v češtině se po labiálách vyslovuje *je,* resp. (po *m*) *ně,* tedy *seno,*[11] ale *běžet, věřit, město,* v dlouhých slabikách je ve slovenštině *ie* (vyslovuje se však krátce) např. *sieň, biely, piesok, viera, miesto,* kdežto v češtině nastalo úžení[12] 40 *ie* v *í*, tj. *síň, bílý, písek,*[13] *víra, místo,* apod.

4. Čeština se odlišila od slovenštiny provedením změny *ú > ou* a ve většině nářečí též *í > ej,* např. *mouka, brousit,*[14] *oni nesou, hodnej strejček* proti sloven. *múka, brúsit, oni nesú, dobrý strýčko.* Ani 45 změna *ú > ou* není ovšem provedena ve všech českých nářečích. Naproti tomu byla v slovenštině v jistém rozsahu provedena diftongizace dlouhého *ä (á), é, ú* v *ia, ie, iu* (např. *pät' – piaty, desät' – desiaty, nesiem – niesť,* dat. sg. *znameniu* apod.). 50 Za původní dlouhé *ó* je ve spisovné slovenštině a ve značné části slovenských nářečí *uo* (píše se *ô*), kdežto v češtině se *uo* z *ó* dále změnilo v *ů* (srov. slov. *kôň, stôl,* čes. *kůň, stůl,* aj.).

5. Proti české dvojici[15] *r–ř* má slovenština jen *r,* 55 srov. např. slov. *rok, hora, tri* a čes. *rok, hora, tři.*

6. Na rozdíl od češtiny je ve spisovné slovenštiné a ve většiné slovenských nářečí zachován protiklad tvrdého a měkkého *l*, kdežto v češtině s výjimkou části nářečí dřívější dvojí *l* splynulo[16] v jedno 60 (srov. slov. *chvála, chválu, chvíľa, chvíľu* a čes. *chvála, chválu, chvíle, chvíli*).

7. Výrazný rozdíl je také v rozsahu dvojic[15] *d, t, n* a *ď, ť, ň*: ve spisovné češtině a ve většině českých nářečí je měkké *ď, ť, ň* na začátku a uprostřed 65 slova většinou jen před *i* a před bývalým *ě*, kdežto ve spisovné slovenštině a převážně[17] i v slovenských nářečích je ve větším rozsahu s jistými výjimkami zejména též před *e* (v pravopise se sice veskrze[10] píše *de, te, ne,* avšak vyslovuje se *ďe, ťe, ňe,* např. 70 *devät', otec, nesiete* čti *ďevät', oťec, ňesieťe*).

9 diphthong
10 throughout

11 hay

12 narrowing
13 sand

14 sharpen

15 pair

16 merge

17 largely

8. Za předhistorické skupiny *or-*, *ol-* na počátku slova před souhláskou je v češtině zčásti *ra-*, *la-*, zčásti *ro-*, *lo-*, např. *rádlo*,[18] *rameno*, *labuť*,[19] *lákat*,[20] ale *rostlina*, *roz-* (např.

75 *rozcestí*,[21] *rozum*, *rožeň*[22]), *loket*, *loni*; spisovná slovenština a značná část slovenských nářečí má i v případech druhého typu často *ra-*, *la-*, tedy nejen *radlo, rameno, labuť, lákat*, nýbrž i *raslina, rázcestie, ražeň, laket, laňajší* (avšak např. *robiť, rozum, rozbiť, loď* aj.).

80 9. V instr. sg. mužského a středního rodu je ve slovenštině u podstatných jmen s výjimkou typu *vysvedčenie*[23] koncovka *-om*, např. *chlapom, hrdinom, dubom, strojom, mestom, srdcom, dievčaťom,* kdežto v češtině je *-em* (u typu *hrdina -ou*).

85 10. V tvarosloví[24] vůbec se vyznačuje[25] slovenština větší jednotností skloňovacích[26] koncovek (v češtině, zvlášť spisovné, je naopak ve větší míře zachována stará pestrost skloňovacích[26] typů, ba ještě je zvýšena provedením přehlásek atd.), v konjugaci

90 je pro slovenštinu příznačná koncovka *-m* v 1. osobě sg. všech sloves, tedy nejen např. *vidím, prosím, držím, volám* jako v češtině, nýbrž i *nesiem, češem, miniem, padnem, pracujem* apod.

Uvedené i jiné znaky dávají spisovné slovenštině i

95 celku slovenského národního jazyka zvláštní, osobitou[27] povahu, kterou se slovenština odlišuje od češtiny i od jiných slovanských jazyků. Některé z těchto znaků jsou velmi staré, jiné vznikly až během historického vývoje. Celkově ovšem rozdíly

100 od češtiny nejsou tak velké, aby činily zvláštní potíže při dorozumívání[2] příslušníků obou národů, i když každý mluví svou mateřštinou. Vzájemné porozumění je umožňováno také tím, že velká část slovní zásoby je společná. Třebaže zase nao-

105 pak řada slov je rozdílná, je těchto rozdílů mezi češtinou a slovenštinou mnohem méně než ve srovnání s jinými slovanskými jazyky. Skutečnost však, že spisovná slovenština spolu se slovenskými nářečími tvoří vnitřně spoutaný[28] celek, mající své

110 specifické rysy a vyvíjející se podle svých vlastních

[18]plow   [19]swan

[20]lure   [21]crossroads

[22]grill

[23]certificate

[24]morphology   [25]be characterized by   [26]declensional

[27]particular

[28]bind

zákonitostí, zcela nesporně znamená, že i proti
češtině je slovenština samostatný jazyk, nikoli snad
jenom nářečí češtiny nebo společného celku čes-
koslovenského, jak nesprávně soudila dřívější
115 jazykověda.

Som šťastná. Zase sedím s Frantom
ve vlaku . . . Radšej nehovorime,
lebo ľudia sú hnusní, obzerajú sa
po nás, neviem, prečo sa im naša
5 reč zdá taká čudná. Zazerajú na
nás, ale ešte nám nikto nepovedal,
aby sme boli ticho. Tie pohľady . . .
Bojím sa ich. Keby som vedela . . .
keby som tak dobre vedela po ne-
10 mecky, hovorila by som ich rečou
. . . ale viem, že len čo otvorim ústa
aj tak zbadajú, že nie som Nemka,
budú sa hnevať, že im przním reč.
Radšej budeme s Frantom sedieť a
15 mlčať.

Jsem šťastná. Zase sedím s Frantou
ve vlaku . . . Radši nemluvíme,
protože lidé jsou hnusní,[1] ohlížejí[2] se
po nás, nevím, proč se jim naše
řeč zdá tak divná. Škaredí[3] se na
nás, ale ještě nám nikdo neřekl,
abychom byli tiše. Ty pohledy . . .
Bojím se jich. Kdybych uměla . . .
kdybych uměla tak dobře německy,
mluvila bych jejich řečí . . . ale
vím, že jen co[4] otevřu ústa, i tak[5]
poznají, že nejsem Němka, budou
se hněvat, že jim przním[6] řeč. Radši
budeme s Frantou sedět a mlčet.

[1]disgusting [4]as soon as
[2]turn and stare [5]anyway
[3]scowl [6]defile

České a slovenské lidové písničky

The first ten songs are well-known Czech and Moravian folk songs, the next two Christmas carols, the final three Slovak folk songs. Keep in mind that in Slovak *d, t* and *n* are pronounced *ď, ť* and *ň* before *e* as well as *i* (e.g., *kde, ešte, nezarosil, teba, nezrúcaj, nema*), that *l* can be soft (e.g., *pole, len, myslievam*), and that *ie* is pronounced *je* (e.g., *piecka, zaspievam, myslievam*).

Holká modrooká,[1] nesedávej[2] u potoka,   [1]blue-eyed   [2]sit (iterative)
holka modrooká, nesedávej tam.
V potoce se voda točí, podemele[3] tvoje oči.   [3]wash away
Holka modrooká, nesedávej tam!

5 Holka modrooká, nesedávej u potoka,
holka modrooká, nesedávej tam.
V potoce je velká voda, vezme-li tě, bude škoda,
Holka modrooká, nesedávej tam!

      *   *   *

Šly panenky[1] silnicí, silnicí, silnicí,   [1]maiden
10 potkali je myslivci[2], myslivci dva.   [2]hunter
Kam, panenky,[1] kam jdete, kam jdete, kam jdete,
která moje budete, budete má?

Ta maličká, ta je má, ta je má, ta je má,
ta má očka[3] jako já, jako já mám.   [3]eye (dim.)
15 Na krku má granáty,[4] granáty, granáty,   [4]garnet
mezi nima dukáty,[5] dukáty má.   [5]ducat

      *   *   *

Když jsem k vám chodíval přes ty lesy,
ach, ouvej,[1] přes ty lesy,   [1]alas
bejvalas,[2] má milá, veselejší,   [2]bývala jsi
20 ach, ouvej,[1] veselejší.

Ale teď jsi, holka, bledá,
ale teď jsi, holka, bledá,
snad se ti srdéčko[3] vyspat nedá,   [3]heart (dim.)
ach, ouvej,[1] vyspat nedá.

*   *   *

25 Okolo Hradce v malé zahrádce[1]   [1]garden (dim.)
rostou tam tři růže.
Jedna je červená, druhá je bílá,
třetí kvete modře.

Vojáci jdou, vojáci jdou,
30 bože, jaká je to krása,
vojáci jdou, vojáci jdou,
pěkně v řadách za sebou.

Vojáci jdou, vojáci jdou,
každé dívčí[2] srdce jásá,[3]   [2]girl's [3]rejoice
35 vojáci jdou, vojáci jdou,
pěkně v řadách za sebou.

Kobylka[4] malá kovat[5] se nedá,   [4]mare [5]shoe
kováři[6] nechce stát,   [6]blacksmith
tak jako má milá,
40 když se na mě hněvá,
hubičku[7] nechce dát.   [7]kiss (dim.)

Kobylka[4] malá kovat[5] se dala,
kováři[6] postála,[8]   [8]stand for a while
tak jako má milá,
45 když se udobřila,[9]   [9]get over anger
hubičku[7] mně dala.

*   *   *

Kde je sládek,[1] tam je mládek,[2]   [1]brewer [2]brewer's
tam je taky, taky pivovárek;[3]   apprentice [3]brewery (dim.)
kde se pivo vaří, tam se dobře daří,
50 kde se pivo pije, tam se dobře žije,
pojďme tam a pijme, pijme ho, pijme ho,
až do rána bílého.

*   *   *

Když se ten Talinskej rybník[1] nahání,[2]   [1]pond [2]rise
dosahá voděnka[3] k samému kraji,   [3]water (dim.)

55 dosahá, dosahuje,
   cestičku zaplavuje.[4]   [4]flood

   Vyjdi ty, cestičko, vyjdi z vody ven,
   kudy jsem chodíval každičký týden
   chodíval ve dne v noci,
60 pro tvoje modré oči.

*   *   *

   Měl jsem tě, holka, rád,
   už tě má kamarád,
   měl jsem tě, holka, rád,
   už tě nechci;
65 takovou holčici[1] najdu na ulici,   [1]tramp
   takovou opici, jako jsi ty!

*   *   *

   Na tý louce zelený
   pasou[1] se tam jeleni,[2]   [1]graze   [2]deer (male)
   pase[3] je tam mysliveček[4]   [3]watch over   [4]game keeper
70 v kamizolce[5] zelený.   [5]jacket

   Počkej na mě, má milá,
   zastřelím[6] ti jelena,[2]   [6]shoot
   aby se ti zalíbila
   kamizolka[5] zelená.

*   *   *

75 Ach, není tu, není,
   co by mě těšilo,
   ach, není tu, není,
   co mě těší.
   Co mě těšívalo,
80 vodou uplynulo,[1]   [1]flow away
   ach, není tu, není,
   co mě těší.

   Ach, není tu, není,
   co by mě těšilo,
85 ach, není tu, není,

co mě těší.
Kdyby tu bývalo,
co mne těšívalo,
bylo by mé srdce veselejší.

*   *   *

90 Horo, horo, vysoká jsi!
Má panenko,[1] vzdálená jsi,   [1]maiden
vzdálená jsi za horama,
vadne[2] láska mezi náma.   [2]wither

Vadne, vadne, až uvadne,
95 není v světě pro mne žádné,
není žádné potěšení
pro mne v světě k nalezení.

*   *   *

Nesem vám noviny,[1] poslouchejte,   [1]tidings
z betlémské krajiny, pozor dejte!
100 Slyšte je pilně a neomylně,[2] rozjímejte![3]   [2]unerring [3]meditate

Syna porodila[4] čistá panna,[5]   [4]give birth [5]virgin
v jesličky[6] vložila Krista Pána.   [6]manger (dim.)
Jej obvinula[7] a zavinula[8] plenčičkama.[9]   [7]swathe [8]swaddle
                                                         [9]swaddling clothes

*   *   *

Narodil se Kristus Pán, veselme se,
105 z růže kvítek[1] vykvet[2] nám, radujme se!   [1]blossom (dim.) [2]bloom
Z života čistého, rodu královského,
nám, nám narodil se.

Jenž prorokován[3] jest, veselme se,   [3]prophesy
ten na svět poslán jest, radujme se!
110 Z života čistého, rodu královského,
nám, nám narodil se.

*   *   *

Anička, dušička,[1] kde si bola,   [1]darling
keď[2] si si čižmičky[3] zarosila?[4]   [2]when [3]boot [4]wet with dew
Bola som v hájičku,[5] žala[6] som travičku,   [5]grove (dim.)
115 duša moja, duša moja.   [6]cut (with a sickle)

A ja som po tri dni trávu kosil,[7]
ešte som si čižmy[3] nezarosil,[4]
A ja som hrabala,[8] teba som čakala,
duša moja, duša moja.

[7]cut (with a scythe)

[8]rake

*   *   *

120 Tancuj,[1] tancuj, vykrúcaj,[2] vykrúcaj,
len[3] mi piecku[4] nezrúcaj,[5] nezrúcaj.
Dobrá piecka na zimu, na zimu,
nemá každý perinu,[6] perinu.
Tra la la la . . .

[1]dance [2]swirl around
[3]only [4]oven (dim.)
[5]demolish
[6]featherbed

*   *   *

125 Prídi ty, šuhajko,[1] ráno k nám,
uvidíš, čo já to robievam.
Ja ráno vstávam, kravy napájam,[2]
ovečky[3] na pole vyháňam.[4]

[1]lad

[2]water
[3]sheep (dim.) [4]drive out

A keď si tu prácu vykonám,
130 potom si vesele zaspievam,
a pri tom speve, ako pri práci
zavše[5] len na teba myslievam.

[5]constantly

Excerpt from *Franz Kafka a český národ* by Petr Demetz

Scholars agree that the city of Prague is central to Kafka's view of life. More controversial is the issue of how Czech culture in general contributed to his world outlook. This is the issue that the following essay, like the other essays, memoirs and documents in *Franz Kafka a Praha* (Prague 1947), addresses. Several passages have been omitted.

Sledujeme-li léta, v nichž Franz Kafka našel po těžkých vnitřních krizích cestu k svému dílu, vystává[1] v nás dnes otázka, byl-li v nějakém spojení s českým národem a jak se to spojení projevovalo.

[1]arise

5 Zánik staré monarchie a vznik Československé republiky musely působit též na Kafku. Měřeno byrokraticky: Kafka se narodil jako poddaný[2] císaře a zemřel jako československý občan. Ptáme se, jak se německy vychovaný žid v bezprostřed-

[2]subject

10 ním sousedství[3] národa, jenž zápasil o stát a spravedlnost, stavěl k národnostním bojům a ke konečnému vítězství republikánské myšlenky. Váže ho něco k českému národu? Co? Obráží se tento vztah v jeho díle? Na rozdíl od[4] Rilka mluvil Kafka

[3]proximity

[4]unlike

15 plynně česky, třebaže měl zcela německou výchovu. Počáteční znalosti získal asi přímým stykem s okolím; zdokonalil[5] se vlastní volbou. Jeho životopisec,[6] Max Brod, píše: „Franz získal teprve později z vlastního popudu[7] důkladnou znalost čes-

[5]perfect

[6]biographer

[7]initiative

20 kého jazyka, hluboké pochopení pro českou kulturu; přirozeně aniž zapomínal na svou spřízněnost[8] s kulturou německou." Česky se hovořilo v otcově obchodě; zaměstnanci — jak vyplývá z Kafkova deníku[9] — byli Češi. Brod naznačuje,[10]

[8]ties

[9]diary [10]point out

25 že v básníkově pozůstalosti[11] se zachovala řada poznámek, které povstaly[12] ze studia české literatury.

[11]estate

[12]grow out of

Celý dosah[13] tragického postavení Franze Kafky mezi národy, jež je příznačné pro jeho kmen, se

[13]extent

30 objasní[14] ve vylíčení episody, která se přihodila[15] v
Tyrolích. Churavějící[16] Kafka odjel do Meranu a
usídlil[17] se v malém penziónu.[18] V poledne se shro-
máždí všichni hosté ke společnému obědu. „Vyšlo
najevo,"[19] píše Kafka, „že jsem z Prahy. Oba, generál
35 proti němuž jsem seděl, a plukovník,[20] Prahu zna-
li. Čech? Ne. Vysvětlit teď těm věrným německým
militaristickým očím, co vlastně jsi. Někdo řekne
Deutschböhme,[21] jiný zase Kleinseite.[22] Pak se celá
věc utiší[23] a obědvá se dále, ale generál bedlivým,[24]
40 v rakouském vojsku školeným uchem není s tím
spokojen, po jídle se mu nelíbí zvuk mé němčiny,
snad se to nelíbí mimochodem spíše oku než
uchu. Nyní mu to mohu vysvětlit svým židov-
stvím.[25] Vědecky je teď sice uspokojen, nikoli však
45 lidsky. Ze zdvořilosti ještě dokončuje malý rozho-
vor, dříve než velkými kroky odspěchá."[26]
Kafkův vztah k Praze nemohl najít krásnějšího
výrazu než v ojedinělých[27] lyrických básních, k
nimž ho — prosaika[28] — město přimělo.[29] Protože
50 s ním byl spojen jako celý člověk a nebyla to jen
vypočítavost[30] literáta[31] — Rilke ve svých praž-
ských letech nebyl ještě něčím jiným — byl to
Kafka, nikoliv Rilke, který napsal něžnější, důvěr-
nější, závažnější[32] pražskou báseň. Nalézáme ji v
55 dopise příteli. Poslední verše vyvažují[33] klidem a
ryzí melancholií vše, co Rilke kdy z pražské lyriky
napsal.

Menschen, die über dunkle Brücken gehn,
vorüber an Heiligen
60 mit matten Lichtlein.
Wolken, die über grauen Himmel ziehn,
vorüber an Kirchen

[14]clarify [15]occur [16]ailing [17]settle [18]boarding house [19]come to light [20]colonel [21]German Czech [22]Malá Strana [23]calm down [24]attentive [25]Jewishness [26]hurry away [27]sporadic [28]prose writer [29]motivate [30]calculation [31]man of letters [32]substantial [33]be equal to

People walking over dark bridges,
Past saints
With feeble lights.
Clouds floating through a gray sky,
Past churches

Excerpt from *Reportáž psaná na oprátce*[1]
by Julius Fučík

Every Czechoslovak schoolchild knows the prison diary of Communist
journalist Julius Fučík. The diary, smuggled out of a Nazi death cell, was
read throughout Europe when it first appeared just after the war.

Odpoledne.

Dveře cely[2] se otvírají a tiše, na špičkách vbíhá

pes. Zastavuje se u mé hlavy a opět si mne zkou-

mavě prohlíží. A zase dva páry vysokých bot —

5 teď už vím: jeden z nich patří majiteli psa, správci[3]

pankrácké věznice,[4] druhý šéfovi protikomunistic-

kého oddělení[5] Gestapa, který předsedal mému

nočnímu výslechu[6] a pak civilní kalhoty. Běžím po

nich pohledem vzhůru — ano, znám, to je ten

10 dlouhý, hubený komisař, který vedl předpadový[7]

oddíl.[8] Sedá si na židli a začíná výslech:[6] Svou hru

jsi prohrál, zachraň alespoň sebe. Mluv!

Nabízí mi cigaretu. Nechci. Neunesl bych ji.[9]

Jak dlouho bydlels u Baxů?

15 U Baxů! Ještě tohle! Kdo jim to řekl?

No vidíš, víme všecko. Mluv!

Když víte všecko, nač bych ještě mluvil? Nežil

jsem svůj život marně — svůj konec si přece

nezkazím.

20 Výslech[6] trvá hodinu. Nekřičí, trpělivě opakuje

otázky, a když se nedočká odpovědi, klade dru-

hou, třetí, desátou.

Což to nechápeš? Je konec, rozumíš, všecko jste

prohráli.

25 Jen já jsem prohrál.

Ty ještě věříš ve vítězství Komuny?

Ovšem.

On ještě věří — ptá se šéf německy a dlouhý komi-

sař překládá — on ještě věří ve vítězství Ruska?

30 Ovšem, nemůže to jinak skončit.

Jsem už unaven. Sebral jsem všecky své síly, abych

[1]gallows

[2]cell

[3]head-warden
[4]Pankrác Prison
[5]section
[6]interrogation

[7]assault
[8]detachment

[9]I couldn't stand it

byl ve střehu,[10] teď už odtéká[11] vědomí rychle jako
krev z hluboké rány. Ještě cítím, jak mi podávají
ruku — snad čtou znamení smrti na mém čele.

35 Pravda, v některých zemích bývalo dokonce zvy-
kem katů,[12] že políbili odsouzence,[13] než vykonali
rozsudek.[14]
Večer.

Dva muži s rukama sepjatýma[15] chodí v kruhu za
40 sebou a táhlými,[16] nesourodými[17] hlasy zpívají
smutnou píseň:
„Když slunce zář a světlo hvězd hasne[18] nám . . ."
Ach, lidé, lidé, nechte toho! Snad je to hezká
píseň, ale dnes, dnes je předvečer[19] Prvního máje,
45 nejkrásnějšího, nejradostnějšího svátku člověka.
Pokouším se zazpívat něco veselého, ale snad to
zní ještě smutněji, protože Karlík se odvrací[20]
a otec si utírá[21] oči. Nechť, nedám[22] se, zpívám
dál a pomalu se přidávají. Usínám spokojen.
50 Časné jitro. Prvního máje.
Hodiny na věžičce[23] trestnice[24] odbíjejí[25] třetí. Po-
prvé teď je tu jasně slyším. Poprvé od svého
zatčení[26] jsem teď při plném vědomí. Cítím svěží
vzduch, který teče otevřeným oknem dolů a oblé-
55 vá[27] můj slamník[28] na podlaze. Cítím slámu, která
pojednou tlačí do hrudi a do břicha, každá píď[29]
těla bolí tisíci bolestmi a těžko se mi dýchá. Ná-
hle, jako bys otevřel okno, vidím jasně: Toto je
konec. Umírám.
60 Trvalo to dlouho, smrti, než jsi přišla. A přece
jsem doufal, že se s tebou seznámím až za mnoho
let. Že budu ještě žít životem svobodného člověka,
že budu ještě mnoho pracovat a mnoho milovat a
mnoho zpívat a světem vandrovat. Vždyť teprve
65 teď jsem dozrával[30] a měl jsem ještě mnoho,
mnoho sil. Už nemám. Dodýchávám.[31]
Miloval jsem život a pro jeho krásu šel jsem do
pole. Miloval jsem vás, lidé, a byl jsem šťasten,
když jste mou lásku opětovali,[32] a trpěl jsem, když
70 jste mi nerozuměli. Komu jsem ublížil, odpusťte
mi, koho jsem potěšil, zapomeňte! Ať smutek

[10]on guard [11]flow away

[12]executioner [13]condemned man [14]sentence

[15]clasp
[16]drawn-out
[17]inharmonious
[18]be extinguished

[19]eve

[20]turn away
[21]wipe [22]give up

[23]tower [24]prison [25]chime

[26]arrest

[27]suffuse [28]straw mattress
[29]inch

[30]become mature
[31]breathe one's last

[32]return

nikdy nepatří k mému jménu. To je má závět'[33]
pro vás, táto a mámo a sestry moje, pro tebe,
Gustino moje, pro vás, soudruzi, pro všecky, s
75 nimiž jsem se měl rád. Myslíte-li, že pláč smyje[34]
smutný poprašek[35] stesku,[36] plačte chvíli. Ale neli-
tujte. Žil jsem pro radost, umírám pro radost a
byla by to křivda,[37] kdybyste mi na hrob postavili
anděla žalu.

[33]last testament

[34]wash away

[35]dust   [36]grief

[37]injustice

Excerpt from *Všichni ti bystří mladí muži a ženy* by Josef Škvorecký

The mid-sixties saw a wave of films from Czechoslovakia that earned their directors the respect of filmmakers and audiences all over the world. Czech novelist Josef Škvorecký documents the phenomenon in a very personal way in his *Všichni ti bystří mladí muži a ženy,* which has appeared in English as *All the Bright Young Men and Women* (Toronto 1971). The following excerpt from the original Czech text deals with the cinematic technique of director Miloš Forman, whose Czech flms include *Černý Petr* (Peter and Paula), *Lásky jedné plavovlásky* (Loves of a Blonde) and *Hoří, má panenko!* (The Fireman's Ball).

A writer's job is to tell the truth, napsal Hemingway a nikdo neporozumí této banálnosti tak dobře, jako lidé pro něž umělecká svoboda není banálností, protože jim většinu života byla odpírána.[1]   [1]deny

5 Nová vlna českého filmu v šedesátých letech brzy uvědomila, že je to taky — a nakonec především — technický problém. Jistě CO—ale potom hlavně JAK.

V Československu si mnoho lidí myslelo, že tenhle
10 základný problém vyřešil Forman improvizací „na place".[2] Bezprostřednost dialogů, včetně usilovného hledání slov, patrného na nehercích, by takovou myšlenku zdánlivě potvrzovala. Ale ve skutečnosti píše Miloš své scénáře[3] snad nejpomaleji ze   [2]on the spot   [3]script
15 všech režisérů. *Černý Petr* travl rok. Scénář k *Hoří, má panenko!*[4] půl druhého[5] roku. Milošův první americký film, *Taking Off,* asi stejné dlouho.   [4]doll   [5]one and a half
Přesto jako by Milošovy filmy potvrzovaly poznatek Williama Faulknera: „Nejlepší co jsem kdy
20 udělal ve filmu, vzniklo tak, že herci i autor zahodili[6] scénář[3] a vymysleli si scénu při zkoušce, těsně před tím, než kamera začala natáčet."[7]   [6]discard   [7]roll, shoot
Skutečnost Milošových filmů je něco mezi tím: „Každá tvůrčí práce je ve své podstatě improvi-
25 zace. Vždyť i když píšeme scénář,[3] tak každou situaci si představujeme ze všech stran. Nápady

vznikají a zanikají bez nějakého předem připraveného řádu a konečná scéna je tedy jenom posledním článkem neustálé improvizace myšlenek. Důsledné lpění[8] na scénáři,[3] jde-li o film ve stylu *cinéma vérité,*[9] je projevem domýšlivosti[10] autorů, kteří se domnívají, že dokázali vymyslet postavy se všemi zvláštnostmi jejich osobnosti, charakterů, myšlení. Ovšem ani samotná improvizace film nezachrání; proto je nutné mít alespoň takový scénář,[3] aby i když nikoho nic nenapadne, to mělo smysl a určitou úroveň."

[8]stick to
[9]cinema of truth
[10]arrogance

Vérité[9] jsou ve Formanových filmech především neherci. „V podstatě jsou mezi nimi dva typy," říká Miloš. „Jedni, kteří dokáží být jen sami sebou (to je ku příkladu maminka v Černém Petrovi), a druzí, kteří to dokáží ‚hrát', ale musí být alespoň o jedno poschodí inteligentnější než postava, kterou hrají (to je případ Petra a jeho tatínka). Hodnota neherců spočívá především v jejich neopakovatelnosti. A pak mají jednu obrovskou přednost: napíšu-li špatný dialog či celou scénu, to znamená, napíšu-li ji naivně či dokonce nepravdivě,[11] herec je schopen dodat jí iluzi pravdivosti a zakrýt[12] můj omyl. Čím lepší herec, tím snáze se moje hloupost zamaskuje. Neherec je jakýsi seizmograf. Každá moje hloupost je pro něho zemětřesením,[13] při němž ztrácí půdu pod nohama."

[11]untruthful
[12]cover up

[13]earthquake

Přirozeně, kromě výhod mají neherci taky nevýhody. Jsou seizmografem nejen mluvnosti[14] dialogu, ale i mnoha jiných věcí. Když se začalo natáčet[7] *Hoří, má panenko!,*[4] všiml si například Miloš, že projev představitele hasiče[15] se den ode dne zhoršuje. Pak se zjistilo, že pánova manželka s ním vždycky večer, podle scénáře,[3] zkouší scénu, která se má natáčet[7] druhý den ráno, a velmi autoritativně ho režíruje.[16] Miloš proto sebral svým nehercům scénáře,[3] a s obsahem scén i dialogem je začal seznamovat podle Faulknera: *just before the cameras began to roll.*

[14]fluency

[15]fireman

[16]direct

Excerpts from the *Bible kralická*

Perhaps the crowning literary achievement of the Jednota českých bratří, the translation of the Bible made in the Moravian town of Kralice late in the sixteenth century is as much a standard edition for Czech speakers as the King James Version is for English speakers. The final, definitive edition—from which the excerpts below are taken—appeared in 1613, two years after the King James. Because of the purity of its diction, it played a vital role in the rebirth of the Czech literary language during the National Revival period.

GENESIS 1,1. Na počátku stvořil Bůh nebe a zemi. **2.** Země pak byla nesličná[1] a pustá, a tma byla nad propastí,[2] a Duch Boží vznášel[3] se nad vodami. **3.** I řekl Bůh: Buď světlo! I bylo světlo. **4.** A viděl Bůh světlo, že bylo dobré; i oddělil Bůh světlo od tmy. **5.** A nazval Bůh světlo dnem, a tmu nazval nocí. I byl večer a bylo jitro, den první. **36.** Řekl opět Bůh: Učiňme člověka k obrazu našemu, podle podobenství[4] našeho, a ať panuje nad rybami mořskými, a nad ptactvem[5] nebeským, i nad hovady[6], a nade vší zemí, i nad všelikým[7] zeměplazem[8] hýbajícím se na zemi. **27.** I stvořil Bůh člověka k obrazu svému . . .

2,18. Řekl byl také Hospodin[9] Bůh: Není dobré člověku býti samotnému; učiním jemu pomoc, kteráž by při něm byla. **21.** Proto uvedl tvrdý sen na Adama, i usnul; a vyňal[10] jedno z žeber[11] jeho, a to místo vyplnil[12] tělem. **22.** A z toho žebra, kteréž vyňal z Adama, vzdělal[13] Hospodin[9] ženu. . . .

EVANGELIUM S. MATOUŠE 5,38. Slyšeli jste, že říkáno bylo: Oko za oko, a zub za zub. **39.** Jáť pak pravím vám: Abyste neodpírali[14] zlému. Ale udeří-li tě kdo v pravé líce[15] tvé, nasaď[16] jemu i druhého. **40.** A tomu, kdož se s tebou chce souditi[17] a sukni[18] tvou vzíti, nech mu i pláště. **41.** A nutil-li by tě kdo míli jednu, jdi s ním dvě. **42.** A prosícímu tebe dej, a od toho, kdo by chtěl vypůjčiti od tebe, neodvracuj se.[19]

[1] without form
[2] face of the deep [3] move

[4] likeness
[5] fowl
[6] cattle [7] every
[8] creeping thing

[9] Lord

[10] take [11] rib
[12] close up
[13] make

[14] resist
[15] cheek [16] turn
[17] sue at law [18] (here) coat

[19] turn away

Čeští básníci 19. a 20. století

Karel Hynek Mácha (1810-1836)
Máj (1836), a lyrical epic in four cantos, contains the best work of the most important Czech romanticist, Karel Hynek Mácha. The opening lines of the first canto, presented below, are known to every Czech. Their idyllic character contrasts sharply with the tale of murder, suicide, and execution they introduce.

Byl pozdní večer — první máj —
večerní máj — byl lásky čas.
Hrdliččin[1] zval ku lásce hlas,   [1]turtledove
kde borový[2] zaváněl[3] háj.[4]   [2]pine [3]smell sweet [4]grove
5 O lásce šeptal tichý mech;[5]   [5]moss
kvetoucí strom lhal lásky žel,[6]   [6]grief
svou lásku slavík[7] růži pěl,[8]   [7]nightingale [8]sing
růžinu jevil[9] vonný vzdech.[10]   [9]reveal [10]sigh
Jezero hladké v křovích[11] stinných[12]   [11]bush [12]shady
10 zvučelo[13] temně tajný bol,[14]   [13]sound [14]pain
břeh je objímal kol a kol;[15]   [15]all around
a slunce jasná světů jiných
bloudila[16] blankytnými[17] pásky,[17]   [16]wander [17]azure [18]band
planoucí[19] tam co[20] slzy lásky.   [19]blaze [20]like

Karel Havlíček Borovský (1821-1856)
Křest[1] *svatého Vladimíra* (first published posthumously in 1876) is the high point in the career of journalist Karel Havlíček Borovský. Although actually a satire on Czech absolutism, it poses as a parody of the baptism of the Russian prince Vladimir. In Canto Seven Vladimir's ministers convene to decide how to go about choosing a god. Each minister naturally feels that his ministry can provide the best one. Here are the cases put forth by the Ministers of the Interior and Exterior.

Večír[2] ministři seděli   [1]baptism [2]in the evening
v tajném kabinetě,
tenkrát byl bůh proti zvyku
první na tapetě.[3]   [3]on the carpet

5 V hlavní věci byli všichni
stejného míněni:
bez boha se sprostým lidem
není k vydržení.[4]

[4]it is unbearable

Ale v dalších podrobnostech
10 tu mezi dvořany[5]
jako skoro všude
dvě rozličné[6] strany . . .

[5]courtier

[6]opposing

Pan ministr vnitřních věcí
pravil: „Páni bratři!
15 Ohlašme konkurs[7] v novinách,
jak se to patří.

[7]contest

Až se náležitou cestou
hlásí kandidáti,
pak si dle[8] kvalifikace
20 může cár[9] vybrati!"

[8]according to
[9]tsar

Zahraniční ministr prál,[10]
že by dobře bylo,
kdyby se to v cizích listech[11]
taky ohlásilo.

[10]say

[11]newspapers

25 Neboť beztoho[12] že není
při tom obsazení[13]
na žádného domácího
ani pomyšlení.[14]

[12]in any case
[13]cast of characters

[14]be out of the question

„Jenom žádného nováčka![15]
30 Vždyť je starších dosti,
dobře renomírovaných,[16]
zvláště v praktičnosti.

[15]novice

[16]renowned

Též se nesmí pro čest země
na pár rublů hledět,[17]
35 když již jednou o tom budou
cizozemci[18] vědět."

[17]pay attention to

[18]foreigner

Jan Neruda (1834-1891)

In addition to having written some of the finest nineteenth-century Czech verse, Jan Neruda was a highly esteemed journalist and short-story writer. The main themes of his poetry are his unsuccessful loves, his faith in the Czech nation (in a poem called "Láska" he tells of having outlived his mother and his beloved, but "Tebe bych, národe, Tebe bych nepřežil!"), and his consternation at the thought of imminent death.

Teréze

Ty utýráš[1] mne chladem svým,   [1]torment
ty umučíš[2] mne vzdorem[3] —   [2]torture   [3]spite
já chvěju se, že[4] svatá Tvá   [4]because
5 je ve všem Tvojím vzorem:
        Teréza a Gesu.[5]   [5]Santa Teresa de Jesús

Ta byla krásná, světa div!
A zbožná[6] byla! Znáš-li,   [6]pious
když umřela, že v srdci jí
10 pak krucifixum našli —
        Terézo a Gesu?

Tys krásna jak ta Španělka
a žití ach tak ctného[7] —   [7]virtuous
až umřeš, najdou v srdci tvém
15 mne ukřížovaného[8] —   [8]crucified
        Terézo a Gesu!
                            1883

Smrt zvoní: „Na vůz! Čas je — čas!"
a po cestovných[9] běží třas.[10]   [9]passenger   [10]shudder
Jak divno, na zvonění
že nikdo hotov není!

5 Mně hůř je: V ruce držím vak[11]   [11]travel bag
a na zvon vzpínám[12] rudý zrak,   [12]raise
však zvon se nehne ani.
Jsem netrpěliv! Zítra? Dnes?
Smrt po sousedstvě hýří[13] kdes   [13]carouse
10 a já tu čekám na ni!
                            1890

Jiří Wolker (1900-1924)

Although he died very young of tuberculosis, Jiří Wolker was the most popular of the immediate post-war generation of poets. His wide appeal was due to his ability to celebrate little things and little people, a welcome relief to the horror and bombast of war. The translations below are by Anna Akhmatova.

Pokora[1]

Stanu se menším a ještě menším,
až budu nejmenším na celém světě.

Po ránu, na louce,[2] v létě
po kvítku vztáhnu[3] se nejmenším.
5 Zašeptám, až se obejmu s ním:
„Chlapečku bosý,[4]
nebe dlaň o tebe opřelo si
kapičkou rosy,[5]
aby nespadlo.“

Стану я маленьким и ещё уменьшусь,
Пока не сделаюсь всех меньше на свете.

На утренней лужайке летом
Я к еле видному цветочку потянусь.
И зашепчу, его обнимая:
Мальчик босой,
Небо о тебя опирается рукой,
Каплей росяной,
Чтоб не упасть.

Básníku, odejdi!

Básníku, odejdi!
Zahoď[6] vše — jen s rýčem[7] se vrať,
a přeryj[8] ten lán[9] od hřbitova[10]
                        k obzoru!
5 Zvečera[11] zasej[12] tu lásku a pokoru,[1]
aby se urodilo[13] ráno zlaté a zářící,
jemuž by scházeli básníci,
protože všichni lidé
by dovedli plakat a zpívat.

Поэт, уйди!
Брось всё — вернись с киркой,
Вскопай от кладбища до цепи горной.

Здесь ночью сей любовь, покорность,
Чтобы утро родилось в сиянье света,
Где бы не было ни одного поэта,
Но где бы каждый
Умел грустить и петь.

[1]humility
[2]meadow
[3]reach out
[4]barefoot
[5]dew
[6]throw away
[7]spade
[8]dig
[9]field
[10]cemetery
[11]in the evening
[12]sow
[13]be harvested

Vítězslav Nezval (1900-1958)

The most prominent Czech dadaist and surrealist, Vítězslav Nezval cuts a flamboyant figure in twentieth-century Czech poetry. His verse is quite uneven, but at its best it whisks the reader through new worlds of emotion, sound, and thought. One of his greatest works, the autobiographical narrative *Edison* (1928), is represented below with an excerpt from the second section.

Naše životy jsou strmé[1] jako vrak[2]   [1]steep [2]wreck
Jednou k večeru se vracel rychlovlak[3]   [3]express train
mezi Kanadou a Michiganem
soutěskami,[4] které neznám jejich jménem   [4]gorge
5 po plošině[5] kráčel malý průvodčí   [5]platform
s čapkou[6] nasazenou[7] těsně do očí   [6]cap [7]pull down

bylo to však něco krásného co drtí[8]   [8]crush
odvaha i radost z života i smrti

Jeho otec krejčí[9] švec[10] a drvoštěp[11]   [9]tailor [10]cobbler
10 kupec s obilím měl chatrč[12] půdu sklep   [11]woodcutter [12]hut
a věčnou nestálost[13] jež k potulkám[14] nás svádí[15]   [13]inconstancy [14]roaming
zemřel touhou po vlasti a smutkem mládí   [15]tempt
Tatíku, tys věděl co je věčný stesk[16]   [16]yearning
dnes je z tebe popel[17] hvězda nebo blesk   [17]ashes
15 tatíku, tys věděl, že jsou všude hrubci[18]   [18]coarse person
mezi krejčími[9] i mezi dřevorubci[19]   [19]lumberjack
ty jsi poznal co jsou potulky[14] a hlad
chtěl bych umřít jak ty také zdráv a mlád
avšak je tu cosi těžkého co drtí[8]
20 smutek stesk[16] a úzkost z života i smrti . . .

Touláš[20] se jak nosič[21]   [20]drift about [21]porter
z dvorku do dvorku
jednou zklamán odjel jsi
do New Yorku
25 bloudě[22] v této americké metropoli   [22]wander
byl jsi odhodlán[23] se vrhnout na cokoli   [23]resolve
snad hráls tehdy karty
snad jsi také pil
snad tam nechals mnoho
30 nejlepších svých sil

bylo v tom však něco krásného co drtí[8]
odvaha a radost z života i smrti

František Halas (1901-1949)
František Halas is a skillful twentieth-century practitioner of metaphysical
poetry in the Neruda tradition.

Útěcha[1]   [1]solace
Je to tak jednoduché
postavit vejce po Kolumbovi
básník to činí posté
se všemi slovy

5 Zůstává mu prvenství[2]   [2]primacy
objevů známých věcí
a smutek cesty polární
co v moři končí
                            1927

Čekání
Nečekám na nikoho
a přec se dívám stále na dveře
Přijdete-li k nim
prosím nevstupujte
5 ani s dechem ztajeným[3]   [3]hold (breath)
Nečekám na nikoho
na sebe jenom čekám já
                            1930

Verše
Přes štěstí vidění
tak slepý
přes dar slyšení
tak hluchý

5 Ve větru list v lásce sám
v tenatech[4] pták v dešti zpěv   [4]snare
v růži červ[5] v naději klam[6]   [5]worm   [6]delusion
v hrdle pláč v slovech krev

Přes štěstí vidění
10 tak slepý
   přes dar slyšení
   tak hluchý

                              1930

Vladimír Holan (1905-1980)
Known for short, cryptic, meditative lyrics that often have erotic overtones,
Vladimír Holan seems to be keeping a lyrical diary. The following two
poems are from the collection entitled *Bolest,* which covers the period
between 1949 and 1955.

Ale
Bůh smíchu a písní už dávno
zavřel za sebou věčnost.
Od těch dob jenom někdy
zazní v nás ubývající vzpomínka.
5 Ale jenom bolest od těch dob
nikdy nepřichází v životní velikosti,
je vždycky větší člověka,
a přece se musí vejít do jeho srdce . . .

Ale čas
„Co je v tvém srdci?" zeptal se mne život.
Byla to otázka tak náhlá
a tak bez výmluvy,[1]   [1]inescapable
že jsem chtěl říci: Nic!

5 Ale čas (který, stoje u kamenného sloupu,[2]   [2]pillar
přinutil druhdy[3] k usednutí celé chrámy)   [3]in the past
řekl mi: „Lháři,[4] to místo,   [4]liar
které ti přeplnily[5] ženy,   [5]overfill
je jenom v pekle stále ještě prázdné."

Jaroslav Seifert (1910-)

Jaroslav Seifert is the first Czech to have won the Nobel Prize for Literature. Every movement twentieth-century Czech poetry has passed through can be illustrated by one or another of his poems. The first selection below shows him as a young man; the second, which serves as an introduction to his 1965 collection *Koncert na ostrově,* typifies his more mature work.

Píseň o dívkách

Uprostřed města dlouhá řeka teče,
sedm mostů ji spíná,[1]   [1]span
po nábřeží chodí tisíc krásných dívek
a každá je jiná.

5 Od srdce k srdci jdeš zahřát[2] si ruce   [2]warm
v paprscích lásky veliké a hřejné,[3]   [3]warming
po nábřeží chodí tisíc krásných dívek
a všecky jsou stejné.

                                    » «

Nevím, jak začít;
10 šlápoty[4] ve sněhu   [4]footprint
ztrácejí přesný obrys[5] a už je také šero.   [5]outline
A já tu ještě čekám.
Na koho a proč?
Pak trochu pršelo a bylo jaro,
15 uběhl rok, pak druhý, třetí
a byl to celý život.
A ten, kdo tu přechází,
je někdo jiný, to už nejsem já.

Kdysi jsem nalezl své jméno
20 na černé korouhvi[6] stříbrným písmem   [6]banner
i s datem smrti.

Vesele hořela svíčka
a varhany[7] burácely:[8]   [7]organ [8]roar
Možná, že regenschori[9] zešílel.[10]   [9]choir director   [10]go mad
25 Ten mrtvý byl však někdo jiný,
protože já tu jsem.
A jsem to vůbec já? Trochu si nevěřím.
A to je dedikace.
Komu?
30 Mrtvému na černé korouhvi.[6]

Jan Mukařovský: *Jazyk, který básní*

In the essay reproduced in part below, Jan Mukařovský, one of the leading members of the Prague Linguistic Circle (*Pražský lingvistický kroužek*), expounds one of the Circle's main tenets: the primacy of language in the creation and study of literature.

Každá věta, opakuje-li se příliš často, stává se lhostejně[1] samozřejmou. To platí i o vědeckých poučkách.[2] Když byl poprvé vysloven názor, že jazyk je materiálem básnického díla, byla to teze,
5 která netoliko[3] něco tvrdila, ale zároveň se i něčemu stavěla na odpor.[4] Dnes ji najdete ve školních učebnicích a vzbouřit[5] se je možno leda proti její samozřejmosti. A přece byla chvíle, kdy prohlášení, že řeč je básnickému dílu materiálem, bylo
10 odbojem[6] proti zakořeněnému[7] mínění, že je i zde pouhým nástrojem nebo také rouchem,[8] které může kdykoli být zaměněno jiným. Ti, kdo mluvili o řeči jako o materiálu, postavili ji naroveň[9] kameni, ze kterého sochař[10] teše[11] sochu, nebo barevné
15 hmotě, kterou nanáší[12] na plátno[13] malíř. Myslíme-li při slově „materiál" na užití hmot v průmyslu, mohlo by se ovšem zdát, že důstojnost[14] řeči trpí tímto pojmenováním, leč kámen v sochařství[15] není ničím, co by sochař směl přezírat.[16] Dláto,[17]
20 jež je nástroj, může být odhozeno a nahrazeno jiným beze škody pro výsledek sochařské práce, ale kámen jakožto materiál určuje svými vlastnostmi vzhled i tvar budoucí sochy (jiné možnosti poskytuje kov, jiné kámen), ba dokonce nahodilým[18] tvarem balvanu,[19] z kterého se teše,[11] může
25 být ovlivněna umělcova fantazie při volbě a vytváření[20] námětu.[21] Tvrzení, že řeč je materiálem básnického díla, přisuzovalo[22] tedy řeči podstatný úkol spolutvůrce,[23] upozorňovalo na její vlastní, svébytnou[24] básnivost.[25]
30 . . . V odborné literatuře bývá uváděn výrok[26] velkého francouzského romanopisce[27] Flauberta:

[1] indifferent

[2] precept

[3] not only

[4] oppose

[5] rebel

[6] resistance [7] deep-rooted

[8] garment

[9] on a level with

[10] sculptor [11] sculpt

[12] apply [13] canvas

[14] dignity

[15] sculpture

[16] scorn [17] chisel

[18] accidental [19] boulder

[20] creation [21] subject matter

[22] attribute

[23] co-creator

[24] individual [25] poetic quality

[26] statement

[27] novelist

„Jsem s románem hotov, zbývá mi napsat jen ně-
kolik desítek stránek, ale mám už v mysli spád[28]   [28]cadence
35 všech vět." V básníkově vědomí byla tedy dřív
větná melodie, záležitost čistě jazyková, než obsah
vět. A kdo ji vytvořil? Jistě básník, ale tak, že
využil možností daných stálými vlastnostmi fran-
couzštiny (např. okolností, že francouzština nezdů-
40 razňuje přízvukem každé slovo, nýbrž jen větší
úseky) i historickým vývojem francouzské věty.
Jazyk tvořil s básníkem — jen proto byl spád[28]
hotov dříve než jejich obsah. Ale spád[28] vět
předurčil[29] do značné míry i plynutí obsahu, vy-   [29]predetermine
45 zdvižení[30] některých jeho momentů[31] a odsunutí[32]   [30]heighten [31]element [32]shift
jiných do pozadí. A to šlo o dílo prozaické, nikoli
o lyrickou báseň, která sama svou podstatou sou-
visí s jazykem mnohem úže[33] než próza.   [33]more closely
. . . Cesta od jazyka k básníku, od tvořivosti[34] řeči   [34]creative force
50 k tvořivosti básnické zůstává ovšem zpravidla
skryta zrakům čtenářů ve svých detailech, v roz-
manitosti a spletitosti[35] svých zatáček,[36] ba zůstává   [35]intricacy [36]turn
mnohdy[37] skryta i básníku samému, probíhajíc z   [37]often
valné části[38] končinami[39] jeho podvědomí.[40] I to   [38]for the most part [39]region
55 však, co z ní zahlédneme,[41] naplňuje nás obdivem   [40]subconsciousness
k básnivosti[25] jazyka. Uveďme za mnohé příklady   [41]glimpse
jediný — Máchův Máj.
Základní motivy Máje jsou motivy jara a motiv
lásky — jedno z nejbanálnějších spojení, jaká si lze
60 představit.[42] Leč v básni je motiv jara vyjádřen   [42]imagine
slovem „máj", jež ve své jediné slabice má touž
samohlásku *a,* kterou má slovo „láska" ve svých
slabikách dvou. A slova „máj" i „láska", nikoliv
pojmy jim odpovídající, vytvářejí[43] hned na začát-   [43]form
65 ku básně kouzelný[44] dvojzvuk[45] tím, že samohláska   [44]enchanting [45]chord
pro ně charakteristická se neustále vrací i v jiných
slovech, jednou doprovázena souhláskou *l* vyzna-
čující[46] slovo „láska" (např. zval, planoucí) podru-   [46]characterize
hé[47] souhláskou *j* připomínající slovo „máj" (např.   [47]other times
70 háj, tajný[48]). Výsledek není jen hudba těchto hlás-   [48]secret
kových[49] sestav,[50] ale také nesmírně sugestivní vý-   [49]phonic [50]group
znamové ovzduší,[51] které udává[52] základní význa-   [51]atmosphere [52]supply

mové ladění[53] nejen začátečním[54] veršům básně,
ale i všemu, co po nich následuje:

[53]tune   [54]beginning

75 Byl pozdní večer — první máj —
   večerní máj — byl lásky čas.
   Hrdliččin zval ku lásce hlas,
   kde borový zaváněl háj.
   O lásce šeptal tichý mech;
80 kvetoucí strom lhal lásky žel,
   svou lásku slavík růži pěl,
   růžinu jevil vonný vzdech.
   Jezero hladké v křovích stinných
   zvučelo temně tajný bol,
85 břeh je objímal kol a kol;
   a slunce jasná světů jiných
   bloudila blankytnými pásky,
   planoucí tam co slzy lásky.

(For glosses see p. 82)

Slova „máj" a „láska", která svým zvukem i vý-
90 znamem prolínají[55] celý kontext těchto veršů, ne-
jsou už vlastně pouhými slovy, ale navozují[56] v
mysli čtenářově cosi, co by se dalo nazvat život-
ním pocitem, citovým a volním[57] poměrem ke
skutečnosti (je to ovšem jen jedna složka význa-
95 mového zabarvení[58] Máje — druhá, jí protikladná,
je tragická). Vracíme se nyní k svému tématu: Kdo
zde byl tvůrcem?[59] Při vyjímečnosti[60] Máchova
zjevu[61] v soudobé[62] české literatuře je zcela jasné,
že k vytvoření těchto veršů bylo třeba básníka v
100 pravém slova smyslu geniálního. Ale stejně jasné
je, že před básníkem byl jazyk, který zvukem hlá-
sek spojil dvě slova označující[63] věci tak různé,
jako jsou roční doba a lidský cit, příbuzné však
přesto četnými přidruženými[64] představami: rado-
105 sti, krásy, mládí atd. Pravíte, že zvuková příbuz-
nost slov je náhoda? Potom však by bylo třeba
dorozumět se o tom, není-li vlastně pojem tvoři-
vosti vůbec, i tvořivosti individuální, do značné
míry souznačný[65] s pojmem náhody: každá psy-
110 chologie tvořivé obraznosti[66] — a nejen umělecké

[55]pervade

[56]evoke

[57]willful

[58]color

[59]creator   [60]uniqueness
[61]phenomenon   [62]of the time

[63]designate

[64]related

[65]synonymous
[66]imagination

— podala by četné doklady k tomuto tvrzení jen zdánlivě paradoxnímu. Bylo by ostatně lze věc povědět i tak: jazyku bylo uloženo, aby vyjádřil jistou myšlenku, neomezil se však na to, nýbrž

115 přepodstatnil[67] ji svými výrazovými prostředky . . .   [67]metamorphose

Rozum a Štěstí by Karel Jaromír Erben

Throughout the National Revival period inspired patriots gathered and published much Czech folklore. Karel Jaromír Erben (1811-1878), a sensitive author in his own right, was one of the most enthusiastic collectors. "Rozum a štěstí" belongs to the *České pohádky* cycle (a group of fairy tales that were first published as a whole in 1905).

Jednou potkalo se Štěstí s Rozumem na nějaké lávce.[1] „Vyhni se mi!" řeklo Štěstí. Rozum byl tehdáž[2] ještě nezkušený,[3] nevěděl, kdo komu se má vyhýbat; i[4] řekl: „Proč bych já se ti vyhýbal?
5 nejsi ty lepší mne." „Lepší je ten," odpovědělo Štěstí, „kdo více dokáže. Vidíš-li tam toho selského synka,[5] co[6] v poli oře?[7] vejdi do něho; a pochodí[8]-li tebou lépe než mnou, budu se ti pokaždé slušně s cesty vyhýbat, kdy a kde se koli potkáme."
10 Rozum k tomu svolil[9] a vešel hned oráčovi[10] do hlavy. Jakmile oráč[10] ucítil,[11] že má v hlavě rozum, začal rozumovat: „Což[12] musím já do smrti za pluhem[13] chodit? Vždyť mohu taky jinde a snáze štěstí svého dojít![14]" Nechal orání,[7] složil pluh[12] a
15 jel domů. „Tatíku![15]" povídá, „nelíbí se mi to sedlačení;[16] budu se raděj učit zahradníkem." Tatík řekl: „Což jsi se, Vaňku, pominul s rozumem?"[17] ale pak se rozmyslil a povídá: „Nu, když chceš, uč se spánembohem! dostane tu chalupu po mně tvůj
20 bratr." Vaněk přišel o[18] chalupu; ale nedbal na to nic,[19] šel a dal se královskému zahradníkovi do učení. Nemnoho mu zahradník ukazoval, zato tím více chápal Vaněk. Brzy potom ani zahradníka neposlouchal, jak má co dělat, a dělal všecko po
25 svém.[20] Nejprvé[21] zahradník se mrzel;[22] ale pak vida, že se tak všecko lépe daří, byl spokojen. „Vidím, že máš více rozumu nežli já," řekl, a nechal pak už Vaňka zahradničit,[23] jak sám chtěl. V nedlouhém čase zvelebil[24] Vaněk zahradu tak,
30 že král veliké z ní měl potěšení a často se v ní s paní královou a se svou jedinou dcerou procházel.

[1] footbridge
[2] then [3] inexperienced
[4] and so
[5] lad [6] who [7] plow
[8] make progress
[9] agree [10] plowman
[11] feel
[12] can it be that
[13] plow
[14] attain
[15] father
[16] farming
[17] go out of one's mind
[18] lose
[19] not care at all
[20] in one's own way
[21] at first [22] be annoyed
[23] garden
[24] improve

Ta královská dcera byla panna[25] velmi krásná, ale od dvanáctého svého roku přestala mluvit, nikdo ani slova od ní neslyšel. Král velice se pro to
35 rmoutil[26] a dal rozhlásit:[27] kdo způsobí, aby zas mluvila, že bude jejím manželem. I[4] hlásilo se mnoho mladých králů, knížat a jiných velkých pánů, jeden po druhém; ale jak přišli, tak zas odešli: žádnému se nepodařilo způsobit, aby promlu-
40 vila. „A proč bych já taky svého štěstí nezkusil?" pomyslil[28] si Vaněk; „kdo ví, nepodaří-li mi ji k tomu přivést, aby odpověděla, když se budu ptát?" I dal se hned u krále odpovědít,[29] a král se svými radami dovedl ho do pokoje, kde dcera jeho
45 zůstávala.

Ta dcera měla pěkného psíčka[30] a měla jej velmi ráda, protože byl velmi čiperný:[31] všemu porozuměl, co chtěla mít. Když Vaněk s králem a s těmi radami do jejího pokoje vstoupil, dělal,[32] jako by
50 té panny[25] královské ani neviděl; než[33] obrátil se k tomu psíčku[30] a povídá: „Slyšel jsem, psíčku,[30] že jsi velmi čiperný,[31] a jdu k tobě o radu. Byli jsme tři tovaryši:[34] jeden řezbář,[35] druhý krejčí[36] a já. Jednou jsme šli lesem a museli jsme v něm zůstat
55 přes noc. Abychom před vlky[37] byli bezpečni, udělali jsme si oheň a umluvili[38] jsme se, aby jeden po druhém hlídal. Nejdříve[39] hlídal řezbář,[35] a pro ukrácení chvíle[40] vzal špalík[41] i vyřezal[42] z něho pěknou pannu.[25] Když byla hotova, probudil krej-
60 čího,[36] aby ten zase hlídal. Krejčí[36] vida dřevěnou pannu[25] ptal se, co to? ‚Jak vidíš,' řekl řezbář: ‚byla mi dlouhá chvíle[43] a vyřezal[42] jsem ze špalíku[41] pannu:[26] bude-li tobě taky dlouhá chvíle,[43] můžeš ji ošatit.'[44] Krejčí[36] hned vyndal[45] nůžky,[46]
65 jehlu[47] a nit, střihl[48] na šaty a dal se do šití; a když byly šaty hotovy, pannu[25] přistrojil.[49] Potom zavolal na mě, abych já šel hlídat. I ptám se ho taky, co to má? — ‚Jak vidíš,' řekl krejčí:[36] ‚řezbáři[35] byla dlouhá chvíle[43] a vyřezal[42] ze špalíka[41] pan-
70 nu,[25] a já z dlouhé chvíle[43] jsem ji ošatil:[44] a bude-li tobě taky dlouhá chvíle,[43] můžeš ji naučit

[25]maiden

[26]grieve   [27]proclaim

[28]think to oneself

[29]announce

[30]dog (dim.)
[31]lively

[32]pretend
[33]but

[34]journeyman [35]woodcarver
[36]tailor
[37]wolf
[38]agree
[39]first of all
[40]to while away the time
[41]block of wood   [42]carve

[43]have time on one's hands

[44]clothe   [45]take out
[46]scissors   [47]needle
[48]cut out material   [49]dress

mluvit.' I naučil jsem ji skutečně do rána mluvit.
Ale ráno, když se moji tovaryši[34] probudil, chtěl
každý tu pannu[25] mít. Řezbář[35] povídá: „Já ji
75 udělal.' Krejčí:[36] „Já ji ošatil."[44] A já jsem si taky
svého práva hájil. Pověz mi tedy, psíčku![30] komu z
nás ta panna[25] náleží?"
Psíček[30] mlčel; ale místo psíčka[30] odpověděla dcera
královská: „Komu by jinému náležela než tobě?
80 co do řezbářovy[35] panny[25] bez života? co do krej-
čova[36] ošacení[44] bez řeči? tys jí dal nejlepší dar:
život a řeč a proto právem tobě náleží." „Samas o
sebe rozhodla," řekl Vaněk: „i tobě dal já zase řeč
a nový život, a proto mi taky právem náležíš." —
85 Tehdy řekl ten jeden královský rada: „Jeho milost
královská dá tobě hojnou odměnu, že se ti podaři-
lo dceři jeho rozvázat[50] jazyk: ale jí sobě vzít   [50]untie
nemůžeš, jsi sprostého rodu." A král řekl: „Jsi
sprostého rodu, dám tobě místo mé dcery hojnou
90 odměnu." Ale Vaněk nechtěl o žádné jiné odměně
slyšet a řekl: „Král bez výminky[51] slíbil: kdo způ-   [51]exception
sobí, aby dcera jeho zas mluvila, že bude jejím
manželem. Královské slovo zákon; a chce-li král,
aby jiní zákonů jeho šetřili,[52] musí je sám napřed   [52]heed
95 zachovávat. A proto mi král musí svou dceru dát."
— „Pochopové,[53] svažte[54] ho!" volal ten rada; kdo   [53]yeoman   [54]bind
praví, že něco král musí, uráží Milost královskou
a je hoden smrti. Vaše královská milost rač poru-
čit,[55] ať je ten zločinec mečem[56] odpraven.[57]" A   [55]order   [56]sword   [57]execute
100 král řekl: „Ať je mečem[56] odpraven![57]" Ihned Vaň-
ka svázali a vedli na popravu.[58]   [58]execution
Když přišli na místo popravní,[58] už tam na ně
Štěstí čekalo, i[4] řeklo tajně k Rozumu: „Hle, jak
ten člověk tebou pochodil: až má přijít o[18] hlavu!
105 Ustup,[59] ať já vejdu na tvé místo!" Jakmile Štěstí   [59]make way
do Vaňka vstoupilo, přelomil[60] se katovi[61] meč[56] u   [60]break   [61]executioner
samého jílce,[62] jako by jej někdo přestřihl;[63] a   [62]hilt   [63]cut in two
prvé[64] nežli mu zase přinesli jiný, přijel z města na   [64]before
koni trubač,[65] jak by letěl, troubil[66] vesele a točil   [65]trumpeter   [66]trumpet
110 bílou korouhvičkou,[67] a za ním přijel pro Vaňka   [67]pennant
královský kočár.[68] A to bylo tak: ta královská   [68]coach

dcera řekla potom doma otci, že Vaněk přece jen
pravdu mluvil a královské slovo nemá se rušit, a
jest-li Vaněk ze sprostého rodu, že ho král snadno
115 může knížetem udělat. A král řekl: „Máš pravdu,
ať je knížetem!" Ihned pro Vaňka poslali králov-
ský kočár[68] a místo něho byl odpraven[57] ten rada,
který krále na Vaňka popudil.[69]   [69]incite

A když potom Vaněk a ta královská dcera spolu
120 jeli od oddavek,[70] nahodil[71] se nějak tou cestou   [70]wedding [71]happen by
Rozum; a vida, že by se musel potkat se Štěstím,
sklopil[72] hlavu a utíkal stranou, jak by ho polil.[73] [72]lower
A od té doby prý Rozum, kdykoli se má potkat se   [73]highly embarrassed
Štěstím, zdaleka[74] se mu vyhýbá.   [74]from far off

Dvořák píše z Ameriky

That Antonín Dvořák enjoyed his stay in America is more than evident from this letter to a friend in Prague. It dates from his tenure as director of the National Conservatory in New York (1892-94) and comes from a collection edited by Otakar Šourek and entitled *Antonín Dvořák přátelům doma* (Prague 1941). The text of the letter is reproduced here as written, that is, with a considerable number of spelling and punctuation errors.

Milý pane presidente Hlávko
Velectěná[1] paní — Chtěl jsem Vám již dávno psát,   [1]honored
ale odložil jsem to vždy, čekaje na další příhodněj-
ší[2] okamžiky, kde bych Vám mohl něco hodně za-   [2]propitious
5 jímavého o Americe a zdejších hlavně hudebních
poměrech povědět. Je toho příliš mnoho a vše tak
zajímavé a nové a nemohu Vám vše to na papíře
popsat jen na to nejhlavnější se musím obmezit.[3]   [3]limit
První a hlavní ježe jsme chvála Bohu všichni zdrávi
10 a že se nám zde velice líbí. A jak by také né, vždyť
je to zde tak krásné a volné, člověk žije mnohem
klidněji — a toho já mám zapotřebí. O nic se ne-
starám, a dělám svou povinnost a je dobře. Jsou
zde věci, kterým se musí člověk obdivovat, jiné zas
15 bych rád ani neviděl, ale co naplat[4] všude to má   [4]what's the use
nějaký tenháček — v celku je to ale přec jenom
zcela něco jiného a budeli tak Amerika se vším
pokračovat předstihne[5] všechno ostatní.   [5]surpass
Představte si jenom jak Američane v zájmu umění
20 a pro lid pracují! Tak na příklad včera jsem přijel
sem do Bostonu řídit svůj povinný koncert, což
vše aranžuje naše ctěná[6] presidentka konservatoře,   [6]honored
neunavná paní Jeanetta Thurberova — bude se
dávat „Requiem" s několika sty výkon. sil hud.[7]   [7]with several hundred
25 Koncert bude ve středu 1. prosince, pouze pro   performers
b o h a t é a i n t e l i g e n t n í obecenstvo, ale den před
tím bude též mé dílo se dávat pro „c h u d é d ě l -
n í k y", kteří vydělají týdne 18 dolaru, a to proto
aby take ten chudý nevzdělaný lid měl příležitost
30 slyšet hudební díla všech dob a všech národů! Co,
to je něco? Těším se na to jako malé dítě.

Dnes v neděli o 3. hod. odp. mám zkoušku a jsem
žádostiv[8] jak to dopadne. Orkestr zdejší jsem již   [8]curious
slyšel v Brooklyně, je výtečný 100. hudeb. nejvíce
35 Němci a ředitel též. Jmenuje se Nikisch pochází
někde z Uher. Orkestr ten byl založen jedním zdej-
ším milionářem p. plukovníkem[9] Higginson-em,   [9]colonel
který měl při mém prvním koncertě v New Yorku
velikou řeč (věc zde neslýchaná[10]) mluvil o přícho-   [10]unheard of
40 du mém do Ameriky, a jaký účel má mít zdejší
můj pobyt. Amerikáni očekavaji veliké věci ode
mne, a hlavní je, abych prý jim ukázal cestu do
zaslíbené země a říše nového samostatného umění,
zkrátka vytvořit muziku národní! Když prý malý
45 národ český má takové muzikanty, proč by oni by
to mít nemohli, když jejich zem a lid je tak
obrovský!
Odpusťte, že jsem trochu neskromným, ale říkám
Vám jen tolik, co americké noviny neustále píší!
50 — Je to zajisté stejně veliký jako krásný úkol pro
mne a doufám že pomocí Boží se mě to poštěstí.[11]   [11]succeed
Materialu je zde dost a dost. Talentu je zde též
hojnost, mám žáky až ze San Francisca! Ponej-
více[12] jsou to chudí lidé, ale na našem ústavě je   [12]mostly
55 vyučování zadarmo, kdo má rozhodný talent —
neplatí! Žáku mám pouze 8, ale některé mnoho
slibné.
A což teprve konkurenční[13] práce, na ceny, které   [13]competition
p. Thurberova vypsala?[14] Za operu 1000 dolaru za   [14]offer
60 oratorium 1000 d. za libreto 1000, za sinfonii 500,
Cantatu a Koncert klavírní neb houslový též po
300 — dolaru!
Veliká zpousta not přišla z celé Ameriky, a já to
vše musim přehlednout! Mnoho práce mi to nedá.
65 Koukatnu se na první stranu, a tu hned poznám, je
li to diletant — aneb umělec —
Co se týče oper, ty jsou bědné a nevím zdali ně-
která cenu dostane. Mimo mne jsou ještě jiní páno-
vé v Jury — pro každý druh komposice je nás 5.
70 Za to ale ostatní skladby jako sinfonie, koncerty,
suity serenady a.t.d. jsou pro mne velice zajímavé.

Jsou více méně všichni jako u nás — v německé
škole vychování, ale tu a tam prokmitá[15] jiný   [15]glimmer
duch jiné myšlenky, jiná barvitost.[16] Zkrátka mu-   [16]coloring
75 zika indiánská, něco a la Bret Harte. Jsem tedy
velice žádostiv[8] jak se věci vyvinou.

Co se týče mé činnosti, je následující: v pondělí,
středu a pátek, mám ráno od 9 to 11 hod kom-
posici, dvakrát týdně orkestr od 4 – 6 hod. a
80 ostatní čas mám k mé disposici. Vidíte že to není
mnoho, a paní Thurberová je velmi „considerate"
jak mě psala již do Evropy že tak jednat bude.

Část administrat. vede ona sama, ma sekretáře
(též jeden pán z družstva (veliký boháč) pan Stan-
85 ton, důvěrný přítel pana Clevelanda, kdežto paní
Thurberová je republikánka — ale ve věcech uměl.
se dobře snášejí, a pracujou pro blaho mladého
ještě nevyvinutého našeho ústavu. A tak je to
dobře. Druhým sekretářem je paní Mac Dawel —
90 ta obstarává[17] hlavně korespondenci.   [17]take care of

A nyní něco o našich domácích záležitostech.
Bydlíme v 17th street East, 327, mám pouze 4
minuty do školy, a jsme s bytem velice spokojení.
Klavír mě ihned pan Steinway poslal a to velice
95 krásný a to se rozumí zadarmo; tak že máme také
kus pěkného nábytku v našem saloně. Mimo toho
máme ještě tři pokoje a jeden malý (i s nábytkem)
a platíme měsíčně 80 dolaru. Pro nás mnoho, zde
obyčejná cena.

100 Snídaní a večeře máme doma, a k obědu chodíme
do (Boardinghouse) na stravu.[18] Velice chutná (ne   [18]meals
anglická) a moc laciná. Za pět osob platíme 13
dolarů týdně. Máme polévku, maso po každé jiné,
krocany,[19] drůbež,[20] moučná jídla,[21] nekdy i kned-   [19]turkey [20]fowl [21]dessert
105 líky[22] a lívance[23] (ale trochu jiné) kompot, sýra,   [22]dumpling [23]pancake
kávu, víno a pivo, a to vše asi za 1.70. — (dolaru.)
Utratíme zde málo a tak doufám, že mimo peněz
(7500 dol. v Praze) u „Zemské banky" uložených,
ještě z druhé polovice mé gáže[24] zde — můžeme   [24]wages
110 nejméně 400 dol. uspořit![25] Každý mě strašil[26] jak   [25]save [26]try to alarm
je zde draho, ale jak vidím dá se vše za menší

peníze také docílit.[27] Při tom ještě vydržuji[28] naši   [27]achieve   [28]support
rodinu v Praze. Odpuste že Vás takovými věci ob-
těžuji, ale člověk když je tak daleko od svých dra-
115 hých známých a přátel — rád všecko vybreptne![29]   [29]blurt out
Bendlovi jsem psal stran[30] te ceny 1000. Ja dostal   [30]concerning
list od p. Solína teprve po třech nedělích, a proto
jsem se opozdil.[31]   [31]be delayed
Musím končit! Poroučím[32] se Vám i Vaší ctěné[6]   [32]give regards
120 choti[33] co nejuctivěji znamenám[34] se Vám vděčný   [33]wife   [34]sign
                Antonín Dvořák
Uctivý pozdrav od mé ženy, která je zde se mnou.

Dva tisíce slov by Ludvík Vaculík

This document first appeared in *Literární noviny* on July 27, 1968 above a long list of signatures. It calls for a grass-roots movement to supplement the reforms that had begun taking place at the top during the preceding months. The White Book, which explains the Soviet position after Warsaw Pact troops entered Czechoslovakia less than a month later, brands it counterrevolutionary.

DVA TISÍCE SLOV, které patří dělníkům, země-
dělcům,[1] úředníkům, vědcům, umělcům a všem —   [1]farmer
Nejdřív ohrozila život našeho národa válka. Pak
přišly další špatné časy, které ohrozily jeho dušev-
5 ní zdraví a charakter. S nadějemi přijala většina
národa program socialismu. Jeho řízení se však
dostalo do rukou nepravým lidem. Nevadilo by
tolik, že neměli dost státnických[2] zkušeností, věc-   [2]political
ných[3] znalostí ani filosofického vzdělání, kdyby   [3]concrete
10 aspoň byli měli víc obyčejné moudrosti a slušnosti,
aby uměli vyslechnout[4] mínění druhých a připusti-   [4]listen to
li[5] své postupné vystřídání[6] schopnějšími. Komu-   [5]allow [6]alternate
nistická strana, která měla po válce velikou důvěru
lidí, postupně ji vyměňovala za úřady, až je dostala
15 všechny a nic jiného už neměla. Musíme to tak
říci a vědí to i ti komunisté mezi námi, jejichž
zklamání nad výsledky je tak velké jako zklamání
ostatních. Chybná linie vedení změnila stranu z
politické strany a ideového svazku v mocenskou[7]   [7]power
20 organizaci, jež nabyla velké přitažlivosti[8] pro vlá-   [8]attractiveness
dychtivé[9] sobce,[10] vyčítavé[11] zbabělce[12] a lidi se   [9]power-hungry [10]egoist
špatným svědomím. Jejich příliv[13] zapůsobil na   [11]calculating [12]coward
povahu i chování strany, která nebyla uvnitř zaří-   [13]influx
zena tak, aby v ní bez ostudných[14] příhod mohli   [14]shameful
25 nabývat vlivu pořádní lidé, kteří by ji plynule[15]   [15]continuous
proměňovali,[16] tak aby se stále hodila do moder-   [16]transform
ního světa. Mnozí komunisté proti tomuto úpad-
ku[17] bojovali, ale nepodařilo se jim zabránit niče-   [17]deterioration
mu z toho, co se stalo.
30 Poměry v komunistické straně byly modelem i

příčinou stejných poměrů ve státě. Její spojení se
státem vedlo k tomu, že ztratila výhodu odstupu[18]   [18]distance
od výkonné moci. Činnost státu a hospodářských
organizací neměla kritiku. Parlament se odnaučil
35 rokovat,[19] vláda vládnout a ředitelé řídit. Volby   [19]debate
neměly význam, zákony ztratily váhu. Nemohli
jsme důvěřovat svým zástupcům v žádném výboru
a když jsme mohli, nedalo se po nich zas nic chtít,
protože nemohli ničeho dosáhnout. Ještě horší
40 však bylo, že jsme už téměř nemohli důvěřovat
ani jeden druhému. Osobní i kolektivní čest upad-
la.[20] S poctivostí se nikam nedošlo a o nějakém   [20]deteriorate
oceňování podle schopností darmo[21] mluvit. Proto   [21]useless
většina lidí ztratila zájem o obecné věci a starala
45 se jen o sebe a o peníze, při čemž[22] ke špatnosti   [22]furthermore
poměrů patří i to, že ani na ty peníze není dnes
spolehnutí. Pokazily[23] se vztahy mezi lidmi, ztrati-   [23]go bad
la se radost z práce, zkrátka přišly na národ časy,
které ohrozily jeho duševní zdraví a charakter.
50 Za dnešní stav odpovídáme všichni, více však
komunisté mezi námi, ale hlavní odpovědnost mají
ti, kdo byli součástí či nástrojem nekontrolované
moci. Byla to moc umíněné[24] skupiny rozprostře-   [24]obstinate
ná[25] pomocí stranického[26] aparátu z Prahy do   [25]spread   [26]party
55 každého okresu a obce. Tento aparát rozhodoval,
co kdo smí a nesmí dělat, on řídil družstevníkům[27]   [27]member of a cooperative
družstva, dělníkům závody a občanům národní
výbory. Žádná organizace nepatřila ve skutečnosti
svým členům, ani komunistická. Hlavní vinou a
60 největším klamem[28] těchto vládců[29] je, že svou   [28]deceit   [29]ruler
zvůli[30] vydávali za vůli dělnictva. Kdybychom to-   [30]arbitrary will
mu klamu[28] chtěli věřit, museli bychom dnes dávat
za vinu dělníkům úpadek[17] našeho hospodářství,
zločiny na nevinných lidech, zavedení cenzury,
65 která zabránila, aby se o tom všem psalo, dělníci
by byli vinní chybnými investicemi, ztrátami ob-
chodu, nedostatkem bytů. Nikdo rozumný samo-
zřejmě v takovou vinu dělnictva neuvěří. Všichni
víme, zejména to ví každý dělník, že dělnictvo
70 prakticky nerozhodovalo v ničem. Dělnické funk-

cionáře dával odhlasovat[31] někdo jiný. Zatímco se   [31]vote in
mnozí dělníci domnívali, že vládnou, vládla jejich
jménem zvlášť vychovávaná vrstva funkcionářů
stranického[26] a státního aparátu. Ti fakticky zau-
75 jali místo svržené[32] třídy a sami se stali novou   [32]depose
vrchností.[33] Spravedlivě však řekněme, že někteří   [33]ruling class
z nich si tuto špatnou hru dějin dávno uvědomili.
Poznáme je dnes podle toho, že odčiňují[34] křivdy,[35]   [34]undo   [35]wrong
napravují[36] chyby, vracejí rozhodování členstvu a   [36]correct
80 občanstvu, omezují pravomoc i početní stav[37]   [37]authority and size
úřednického aparátu. Jsou s námi proti zaosta-
lým[38] názorům v členstvu strany. Ale velká část   [38]backward
funkcionářstva se brání změnám a má dosud váhu!
Má pořád ještě v ruce mocenské[7] prostředky, zvlá-
85 ště na okresech a v obcích, kde jich může užívat
skrytě a nežalovatelně.[39]   [39]with impunity
Od začátku letošního roku jsme v obrodném[40]   [40]regeneration
procesu demokratizace. Začal v komunistické
straně. Musíme to říci a vědí to i ti nekomunisté
90 mezi námi, kteří odsud už nic dobrého nečekali.
Je ovšem třeba dodat, že tento proces nemohl ani
jinde začít. Vždyť jenom komunisté mohli po
celých dvacet let žít jakýmsi politickým životem,
jen komunistická kritika byla u věcí, kde se dělaly,
95 jen opozice v komunistické straně měla tu výsa-
du,[41] že byla v doteku[42] s protivníkem.[43] Iniciativa   [41]privilege   [42]touch
a úsilí demokratických komunistů je proto jen   [43]opponent
splátkou[44] na dluh, který celá strana má u neko-   [44]partial payment
munistů, jež udržovala v nerovnoprávném[45] po-   [45]unequal
100 stavení. Komunistické straně nepatří tedy žádný
dík, patří jí snad přiznat, že se poctivě snaží využít
poslední příležitosti k záchraně své i národní cti.
Obrodný[40] proces nepřichází s ničím příliš novým.
Přináší myšlenky a náměty,[46] z nichž mnohé jsou   [46]suggestion
105 starší než omyly socialismu a jiné vznikaly pod
povrchem viditelného[47] dění,[48] měly být dávno vy-   [47]perceivable   [48]event
sloveny, byly však potlačovány.[49] Nemějme iluzi,   [49]suppress
že tyto myšlenky vítězí teď silou pravdy. O jejich
vítězství rozhodla spíš slabost starého vedení, které
110 se zřejmě muselo napřed unavit dvacetiletým vlád-

nutím, v němž mu nikdo nebránil. Zřejmě musely
do plné formy dozrát[50] všecky vadné[51] prvky skry-
té už v základech a ideologii tohoto systému. Ne-
přeceňujme[52] proto význam kritiky z řad spisova-
115 telů a studentů. Zdrojem společenských změn je
hospodářství. Správné slovo má svůj význam, jen
když je řečeno za poměrů, které jsou už správně
opracovány.[53] Správně opracované[53] poměry —
tím se u nás, bohužel, musí rozumět naše celková
120 chudoba a úplný rozpad[54] starého systému vlád-
nutí, kdy se v klidu a míru na náš účet zkompro-
mitovali politikové jistého typu. Pravda tedy neví-
tězí, pravda prostě zbývá, když se všechno ostatní
prošustruje![55] Není tudíž důvodu k národní vítě-
125 zoslávě,[56] je pouze důvod k nové naději. Obracíme
se na vás v tomto okamžiku naděje, která je však
pořád ohrožena. Trvalo několik měsíců, než mnozí
z nás uvěřili, že mohou promluvit, mnozí však
nevěří ani teď. Ale promluvili jsme už tak a tolik
130 jsme se odkryli,[57] že svůj úmysl zlidštit[58] tento
režim musíme jedině dokončit,[59] jinak by odplata[60]
starých sil byla krutá. Obracíme se hlavně na ty,
kdo zatím jen čekali. Čas, který nastává, bude
rozhodující po mnoho let.
135 Čas, který nastává, je léto s prázdninami a dovo-
lenými, kdy se nám po starém zvyku bude chtít
všeho nechat. Vsaďme[61] se však, že naši milí od-
půrci[62] si nedopřejí letního oddechu,[63] budou mo-
bilizovat své zavázané lidi a budou si už teď chtít
140 zařídit klidné svátky vánoční![64] Dávejme tedy po-
zor, co se bude dít, snažme se tomu porozumět a
odpovídat. Vzdejme se nemožného požadavku,
aby nám vždycky někdo vyšší podal k věcem jedi-
ný výklad a jediný prostý závěr. Každý si bude
145 muset udělat své závěry, na svou odpovědnost.
Společné shodné závěry je možno najít jen v dis-
kusi, k níž je nutná svoboda slova, která je vlastně
jedinou naší demokratickou vymožeností[65] letoš-
ního roku.
150 Do příštích dnů však musíme jít také s vlastní

[50]ripen [51]faulty

[52]overestimate

[53]work out

[54]disintegration

[55]squander
[56]triumph

[57]reveal [58]humanize
[59]finish [60]retaliation

[61]wager
[62]adversary [63]relaxation

[64]Christmas

[65]achievement

iniciativou a vlastními rozhodnutími.

Především budeme odporovat názorům, kdyby se vyskytly, že je možné dělat nějakou demokratickou obrodu[66] bez komunistů, případně[67] proti
155 nim. Bylo by to nespravedlivé ale také nerozumné. Komunisté mají vybudované organizace, v těch je třeba podpořit pokrokové křídlo. Mají zkušené funkcionáře, mají konečně pořád v ruce rozhodující páky[68] a tlačítka.[69] Před veřejností stojí však
160 jejich Akční program,[70] který je také programem prvního vyrovnání největší nerovnosti, a nikdo jiný nemá žádný stejně konkrétní program. Je třeba požadovat, aby se svými místními akčními programy[70] přišli před veřejnost v každém okrese
165 a v každé obci. Tu náhle půjde o velmi obyčejné a dávno čekané správné činy. KSČ se připravuje na sjezd, který zvolí nový ústřední výbor. Žádejme, aby byl lepší než ten dnešní. Říká-li dnes komunistická strana, že své vedoucí postavení napříště[71]
170 chce opírat o důvěru občanů a ne o násilí, věřme tomu potud,[72] pokud můžeme věřit lidem, které už teď posílá jako delegáty na okresní a krajské konference.

V poslední době jsou lidé zneklidnění,[73] že se postup demokratizace zastavil. Tento pocit je zčásti[74]
175 projevem únavy ze vzrušeného dění,[48] zčásti[74] odpovídá faktu: minula sezóna překvapivých odhalení,[75] vysokých demisí[76] a opájivých[77] projevů nebývalé[78] slovní smělosti.[79] Zápas sil se však jen poněkud skryl, bojuje se o obsah a znění[80] zákonů, o
180 rozsah praktických opatření.[81] Krom toho novým lidem, ministrům, prokurátorům,[82] předsedům a tajemníkům, musíme popřát[83] čas na práci. Mají právo na tento čas, aby se mohli buďto osvědčit,[84]
185 nebo znemožnit.[85] Krom toho v centrálních politických orgánech nelze dnes čekat víc. Stejně projevily nechtě[86] podivuhodné ctnosti.

Praktická kvalita příští demokracie závisí na tom, co se stane s podniky a v podnicích. Při všech
190 našich diskusích nakonec nás mají v rukou hospo-

[66]revival [67]if need be
[68]lever [69]push button
[70]Program of Action
[71]henceforth
[72]to the extent
[73]disturb
[74]partly
[75]reveal [76]resignation
[77]intoxicating [78]unprecedented [79]daring
[80]wording [81]measure
[82]prosecutor
[83]grant
[84]give a good account of
[85]disqualify
[86]spontaneously

dáři.[87] Dobré hospodáře je třeba hledat a prosazovat.[88] Je pravda, že všichni jsme ve srovnání s rozvinutými zeměmi špatně placeni a někteří ještě hůř. Můžeme žádat víc peněz — které lze natisk-
195 nout[89] a tím znehodnotit.[90] Žádejme však spíše ředitele a předsedy, aby nám vyložili, co a za kolik chtějí vyrábět, komu a zač prodávat, kolik se vydělá, co z toho se vloží do modernizace výroby a co je možno rozdělit. Pod zdánlivě nudnými titul-
200 ky[91] běží v novinách odraz[92] velmi tvrdého boje o demokracii nebo koryta.[93] Do toho mohou dělníci jakožto podnikatelé[94] zasáhnout tím, koho zvolí do podnikatelských[94] správ a podnikových rad. Jakožto zaměstnanci mohou pro sebe udělat nej-
205 líp, když si za své zástupce zvolí do odborových[95] orgánů své přirozené vůdce, schopné a čestné lidi bez ohledu[96] na stranickou příslušnost.

Jestliže nelze v této době čekat od nynějších[97] centrálních politických orgánů víc, je třeba dosáhnout
210 více v okresech a obcích. Žádejme odchod[98] lidí, kteří zneužili[99] své moci, poškodili veřejný majetek, jednali nečestně nebo krutě. Je třeba vynalézat[100] způsoby, jak je přimět[101] k odchodu.[98] Například veřejná kritika, rezoluce, demonstrace, de-
215 monstrační pracovní brigády, sbírka[102] na dary pro ně do důchodu,[103] stávka,[104] bojkot jejich dveří. Odmítat však způsoby nezákonné,[105] neslušné a hrubé, jelikož by jich využili k ovlivňování Alexandra Dubčeka. Náš odpor k psaní hrubých
220 dopisů musí být tak všeobecný, aby každý takový dopis, který ještě dostanou, bylo možno považovat za dopis, který si dali poslat sami. Oživujme činnost Národní fronty. Požadujme veřejná zasedání[106] národních výborů.
225 K otázkám, které nechce nikdo znát, ustavujme[107] vlastní občanské výbory a komise. Je to prosté: Sejde se několik lidí, zvolí předsedu, vedou řádně zápis,[108] publikují svůj nález,[109] žádají řešení, nedají se zakřiknout.[110] Okresní a místní tisk, který
230 většinou zdegeneroval na úřední troubu,[111] pro-

[87]economist
[88]put into office

[89]print [90]devalue

[91]headline [92]reflection
[93]graft
[94]entrepreneur

[95]trade-union

[96]regard

[97]present

[98]resignation
[99]misuse

[100]discover [101]force

[102]collection

[103]pension [104]strike
[105]illegal

[106]meeting
[107]establish

[108]record [109]finding
[110]shout down
[111]trumpet

měňujme v tribunu všech kladných politických sil, žádejme ustavení redakčních[112] rad ze zástupců Národní fronty nebo zakládejme jiné noviny. Ustavujme výbory na obranu svobody slova.

235 Organizujme při svých shromážděních vlastní pořádkovou[113] službu. Uslyšíme-li divné zprávy, ověřujme[114] si je, vysílejme[115] delegace na kompetentní místa, jejich odpovědi zveřejňujme[116] třeba na vratech. Podporujme orgány bezpečnosti, když stíha-
240 jí[117] skutečnou trestnou[118] činnost, naší snahou není způsobit bezvládí[119] a stav všeobecné nejistoty. Vyhýbejme se sousedským hádkám, neožírejme[120] se v politických souvislostech. Prozrazujme fízly.[121]
245 Oživený[122] letní pohyb po celé republice vyvolá zájem o uspořádání státoprávního[123] stavu mezi Čechy a Slováky. Považujeme federalizaci za způsob řešení národnostní otázky, jinak je to jen jedno z významných opatření[81] k demokratizaci
250 poměrů. Toto opatření[81] samo o sobě nemusí ani Slovákům přinést lepší život. Režim — v českých zemích zvlášť a na Slovensku zvlášť — se tím ještě neřeší. Vláda stranicko-státní byrokracie může trvat, na Slovensku dokonce o to líp, že jako
255 „vybojovala větší svobodu".
Veliké znepokojení[124] v poslední době pochází z možnosti, že by do našeho vývoje zasáhly zahraniční síly. Tváří v tvář všem přesilám[125] můžeme jedině trvat slušně na svém a nezačínat si. Své
260 vládě můžeme dát najevo,[126] že za ní budeme stát třeba se zbraní, pokud bude dělat to, k čemu jí dáme mandát, a své spojence[127] můžeme ujistit, že spojenecké, přátelské a obchodní smlouvy dodržíme. Naše podrážděné[128] výtky[129] a neargumento-
265 vaná podezření[130] musí jen ztěžovat[131] postavení naší vlády, aniž nám pomohou. Rovnoprávné[132] vztahy si beztak[133] můžeme zajistit jedině tím, že zkvalitníme[134] své vnitřní poměry a dovedeme obrodný[40] proces tak daleko, že jednou ve volbách
270 si zvolíme státníky,[135] kteří budou mít tolik stateč-

[112]editorial

[113]disciplinary
[114]verify   [115]dispatch
[116]make public

[117]prosecute   [118]criminal
[119]anarchy

[120]get drunk
[121]secret policeman
[122]revive
[123]legal

[124]uneasiness

[125]superior force

[126]indicate

[127]ally

[128]peevish   [129]reproach
[130]suspicion
[131]make difficult   [132]equal
[133]in any case
[134]improve the quality of

[135]statesman

nosti, cti a politického umu,[136] aby takové vztahy postavili a udrželi. To je ostatně problém naprosto všech vlád všech menších států světa.

Letošního jara vrátila se nám znovu jako po válce
275 velká příležitost. Máme znovu možnost vzít do rukou naši společnou věc, která má pracovní název socialismus, a dát jí tvar, který by lépe odpovídal naší kdysi dobré pověsti i poměrně dobrému mínění, jež jsme o sobě původně měli. Toto jaro
280 právě skončilo a už se nevrátí. V zimě se všecko dovíme.

Tím končí toto naše prohlášení k dělníkům, zemědělcům,[1] úředníkům, umělcům, vědcům, technikům a všem. Napsáno bylo z podnětu vědců.

[136]intelligence

Excerpts from *Kosmova Kronika česká*

Cosmas (c. 1045-1125), dean of the Saint Vitus chapter, is the author of the first important attempt at compiling a Czech history, the *Chronica Boemorum*. The following excerpts represent Cosmas' version of the founding of the Czech nation and its first historical dynasty, the Přemyslides. Only recently have these legends, long popularly accepted as historical, come under the scrutiny of anthropologists and been shown to be domesticated migratory tales. The Czech text below was translated by Karel Hrdina and Marie Bláhová and appears in *Kosmova Kronika česká* (Prague 1972).

Podle učení geometrů se dělí povrch zemský na
dvě polovice, z nichž jednu zaujímá pod svým
jménem Asie, druhou Evropa s Afrikou. V Evropě
leží Germánie a v jejích končinách[1] směrem k sever-   [1]region
5 ní straně daleko široko se rozkládá[2] kraj, kolem   [2]extend
   dokola[3] obklíčený[4] horami. Povrch této země ten-   [3]all around   [4]surround
   krát zaujímalý širé lesní pustiny[5] bez lidského   [5]wilderness
   obyvatele. Když do těch pustin[5] vstoupil člověk,
   ať to byl kdokoli — neznámo s kolika lidmi —
10 hledaje příhodných[6] míst k lidským příbytkům,[7]   [6]suitable   [7]abode
   přehlédl bystrým zrakem hory a doly a tuším
   kolem Řípu mezi dvěma řekami, Ohří a Vltavou,
   prvá zařídil sídla[8] a radostně na zemi postavil   [8]settlement
   bůžky,[9] jež s sebou na ramenou přinesl. Tehdy sta-   [9]idol
15 rosta,[10] jehož ostatní jako pána provázeli, mezi   [10]elder
   jiným takto promluvil k své družině:[11] „Druhové,   [11]retinue
   kteří jste nejednou snášeli se mnou těžké trudy[12]   [12]sorrow
   cesty, zastavte se a obětujte obět příjemnou svým
   bůžkům,[9] jejichž zázračnou[13] pomocí jste konečně   [13]miraculous
20 přišli do této vlasti, kdysi osudem vám předurče-
   né.[14] To jest ona, to jest ona země, kterou jsem   [14]predestine
   vám — jak se pamatuji — častokrát sliboval,
   země nikomu nepoddaná,[15] zvěře[16] a ptactva[17]   [15]submit [16]beasts [17]fowl
   plná, sladkým medem[18] a mlékem vlhnoucí,[19]a jak   [18]honey [19]become moist
25 sami pozorujete, podnebím[20] k obývání[21] příjem-   [20]climate [21]inhabit
   ná. Vody jsou všude hojné a nad obyčej rybnaté.
   Zde se vám nebude ničeho nedostávati,[22] protože   [22]lack
   nikdo vám nebude škoditi. Ale když takový, tak

krásný a tak veliký kraj jest ve vašich rukou, roz-
30 važte,[23] jaké by bylo vhodné jméno pro tuto zemi."   [23]think over
Ti hned, jako z božského vnuknutí,[24] zvolali: „Po-   [24]inspire
něvadž ty, otče, sloveš[25] Čech, kde najdeme lepší   [25]be called
nebo vhodnější jméno, než aby i země slula[25]
Čechy?" Tehdy starosta,[10] jsa dojat touto předpo-
35 vědí[26] svých druhů, jal[27] se z radosti líbati zemi,   [26]prophesy   [27]begin
maje radost, že se má nazývati jeho jménem, pak
vstal a obojí dlaň zdvíhaje k nebeským hvězdám,
takto počal mluviti: „Vítej nás, země zaslíbená,[28]   [28]promise
tisícerými tužbami[29] od nás vyhledávaná, kdysi v   [29]longing
40 čas potopy[30] lidu zbavená, nyní jako na památku   [30]flood
lidstva nás zachovej bez pohromy[31] a rozmnožuj[32]   [31]disaster   [32]increase
naše potomstvo[33] od pokolení do pokolení."   [33]offspring

For a time the Czechs lived together in harmony. Then they turned to
Krok, a Czech himself, to lead them. Though Krok had no male offspring,
he fathered three daughters.

Třetí, věkem nejmladší, ale moudrostí nejstarší,
nazývala se Libuše; ta vystavěla též hrad tehdy nej-
45 mocnější u lesa, jenž táhne se ke vsi Zbečnu, a
podle svého jména jej nazvala Libušín. Byla mezi
ženami přímo jedinečnou ženou, nikomu nezada-
la[34] v rozhodování pří lidu, ke každému byla hod-   [34]be inferior
ná, ženského pohlaví sláva. Ale poněvadž nikdo
50 není úplně blažen,[35] žena tak znamenitá i chvály-   [35]blissful
hodná[36]—ach nešťastného osudu lidského!—byla   [36]praiseworthy
prorokyně.[37] A poněvadž lidu předpovídala[38] mno-   [37]prophetess   [38]predict
ho budoucích věcí, celý ten kmen sešel se po smrti
jejího otce k obecné radě a ustanovil[39] ji sobě za   [39]appoint
55 soudce.
Libuše, sedíc na vysokém stolci,[40] mluví k hrubým   [40]throne
mužům: „Jak jsi politování[41] nadmíru[42] hoden, ó   [41]pity   [42]extremely
lide, jenž neumíš svobodně žíti. Pozdě budete toho
marně litovati. Nebo nevíte-li, jaká jsou knížecí
60 práva, zkusím jen několik slov vám povědět o
této věci. Snadno je knížete dosaditi,[43] ale nesnad-   [43]enthrone
no dosazeného sesaditi.[44] Neboť v této chvíli jest   [44]dethrone
ten muž pod vaší mocí, ať ho povýšíte[45] za   [45]raise
knížete čili nic. Jakmile však bude povýšen, vy a

65 vše, co máte, bude v jeho moci. Vaše syny i
dcery postaví do svých služeb. Všechno, co máte
lepšího ve vsích, na polích a lukách, pobere[46] a   [46]take
obrátí ve svůj prospěch. Ale proč vás dlouho zdr-
žuji? Nebo nač to mluvím, jako bych vás chtěla
70 strašiti?[47] Trváte-li na svém předsevzetí,[48] ozná-   [47]frighten   [48]resolution
mím vám jméno knížete i místo, kde jest. "
K tomu všichni jedněmi ústy žádají, aby jim byl
dán kníže. K nim ona: „Hleďte," praví, „hle, za
oněmi horami" — a ukázala prstem na hory — „je
75 neveliká řeka Bílina a na jejím břehu je viděti ves-
nici, jež slove[25] Stadice. Tam jest úhor,[49] jenž   [49]fallow land
kupodivu,[50] ač leží mezi tolika poli, přece nenáleží   [50]oddly enough
k žádnému poli. Tam váš kníže oře[51] s dvěma stra-   [51]plow
katými[52] voly; jeden vůl má vpředu dokola[3] bílý   [52]spotted
80 pás a bílou hlavu, druhý jest od čela po zádech
bílý a zadní nohy má bílé. Nyní jeďte vyřídit tomu
muži vzkaz ode mne i od lidu a přiveďte sobě kní-
žete a mně manžela. Muž má jméno Přemysl. Ten
na vaše hrdla a hlavy vymyslí mnohá práva, neboť
85 to jméno latinsky zní praemeditans (rozmýšlející)
nebo superexcogitans (přemýšlející). Jeho potom-
stvo[33] bude v celé této zemi panovati na věky
věků."[53]   [53]forever more
Zatím byli určeni poslové,[54] aby tomu muži před-   [54]messenger
90 nesli[55] vzkaz své paní i lidu. Když paní viděla, že   [55]present
jaksi, neznajíce cestu, váhají, pravila: „Co váháte?
Jděte bez starosti, sledujte mého koně, on vás
povede pravou cestou a dovede zase zpět, neboť
tu cestu nejednou[56] šlapal."[57]   [56]many times   [57]tread
95 Přešli přes hory, již již se blížili ke vsi, kam měli
dojíti. Tu k nim přiběhl jakýsi chlapec i tázali se
ho řkouce: „Slyš, dobrý chlapče, jmenuje se tato
ves Stadice? A jestliže ano, je v ní muž jménem
Přemysl?" — „Ano," odpověděl, „je to ves, kterou
100 hledáte, a hle, muž Přemysl nedaleko na poli po-
pohání[58] voly." Poslové[54] k němu pravili: „Paní   [58]spur on
naše Libuše i všechen lid vzkazuje, abys brzy při-
šel a přijal panství,[59] jež je tobě i tvým potom-   [59]domain
kům[33] souzeno. Vše, co máme, i my sami jsme v

105 tvých rukou; tebe za knížete, tebe za soudce, tebe
jediného sobě volíme za pána." Při té řeči se ten
muž moudrý, jako by předvídal[25] budoucnost,
zastavil otku,[60] kterou držel v ruce, vetkl[61] do ze-   [60]goad   [61]thrust
mě a pustiv voly zvolal: „Jděte tam, odkud jste
110 přišli!" Ti, ještě než to dořekl,[62] z očí zmizeli a   [62]finish saying
nikdy více se neobjevili. Ale líska,[63] kterou do   [63]hazelrod
země vetkl,[61] vyrazila[64] tři velké ratolesti,[65] a to,   [64]sprout   [65]sprig
což jest ještě podivnější, i s listím[66] a ořechy.[67] A   [66]foliage   [67]nut
muži, vidouce, co se tu děje, stáli zaraženi. On je
115 vlídně jako hostitel[68] pozval k snídani. Zatímco   [68]host
jedli a vodu pili, dvě ratolesti[65] odpadly,[69] ale třetí   [69]fall off
velmi rostla do výše i šíře. To naplnilo hosty ještě
větším podivem.[70] A on praví: „Co se divíte? Věz-   [70]wonder
te, že se z našeho rodu mnoho pánů zrodí,[71] ale   [71]be born
120 jeden pokaždé bude panovati. Ale kdyby vaše
paní nebyla s tou věcí tak spěchala, nýbrž na
krátký čas byla vyčkávala[72] běhu osudů, měla by   [72]wait for
vaše země tolik pánů, kolik by příroda vydala na
svět knížecích synů."

Excerpts from *Vlastní životopis*[1] *Karla IV*

Even though the autobiography of Charles IV (1316-1378) comes to an end before the author became king of Bohemia and Holy Roman Emperor, it is a fascinating document, much more personal than similar works of the period. He wrote it in Latin, but also commissioned the original to be translated into the two vernaculars of his realm, Czech and German. The Latin, together with the original Czech and German translations, can be found in *Fontes rerum Bohemicarum, III* (Prague, 1882). In the first excerpt below, given in both a modern translation by Jakub Pavel and in the early translation, Charles describes how he felt about returning to Bohemia after eleven years — most of his childhood — in France. In the second excerpt, given only in the modern Czech translation, he tells a ghost story.

A tak, když přijedechme do Čech, nenajidechme ani otce, ani mateře, ani bratra, ani sestry, ani žádného známého. Řeči také české ovšem
5 jsme byli zapomenuli, jiežto potom opět zasě jsme sě naučili, takže jsme mluvili a rozuměli jakžto jiný Čech. Z božie pak milosti netoliko česky, ale vlasky, lombardsky, ně-
10 mecky a latině tak mluviti, psáti a čísti jsme uměli, že jeden jazyk z těch jakžto druhý ku psaní, mluvení, ke čtení a k rozumění byl nám hotov . . .
15 Kteréžto královstvie byli jsme nalezli tak opuštěno, že ani jednoho hradu nenalezli jsme svobodného, ježto by nebyl zastaven se vším zbožím královským; tak že jsme
20 neměli kde bydliti, jedno v domiech městských, jakžto jiný měštěnín. A hrad pražský také byl opuštěn a

A tak, když jsme byli přišli[2] do Čech, nenalezli jsme ani otce, ani matky, ani bratra, ani sester, aniž koho známého. Také řeč českou jsme úplně zapomněli, ale později jsme se jí opět naučili, takže jsme mluvili a rozuměli jako každý jiný Čech. Z boží milosti pak jsme dovedli tak mluviti, psáti a čísti nejen česky, ale francouzsky, italsky, německy a latinsky, že jsme byli mocni[3] oněch jazyků stejně jednoho jako druhého . . .

Toto království jsme nalezli tak zpustošené,[4] že jsme nenašli ani jediného hradu svobodného, který by nebyl zastaven[5] se všemi královskými statky, takže jsme neměli kde bychom přebývali,[6] leč v domech měšťanských[7] jako jiný měšťan.[7] Hrad pražský pak byl zcela

[1]autobiography   [5]deposit as a pledge
[2]had come   [6]reside
[3]capable of (speaking) [7]burgher
[4]ravage

zkažen i zrušen; nebo od času krá-
le Přemysla všechen položen byl až
25 na zemi. Na kterémžto miestě zno-
vu sieň velikú a krásnú a velikými
náklady vzdělati jsme kázali, jakžto
dneš níden jest ohledujícím.

opuštěn, pobořen[8] a zničen, neboť
od časů krále Otakara II. byl celý
ztroskotán[9] až k zemi. Na tom
místě jsme dali vystavěti nově ve-
liký a krásný palác s velikým ná-
kladem, jak je dnes patrno kolem-
jdoucím.[10]

[8]demolish　　　[10]passer-by
[9]wreck

Toho času jsme jeli koňmo[11] jednoho dne z
30 Křivoklátu do Prahy, abychom se sešli se svým
otcem, který byl na Moravě. Dojeli jsme velmi
pozdě do hradu pražského, do starého domu
purkrabského,[12] kde jsme po několik let přebý-
vali,[6] dokud nebyl veliký palác vystavěn.
35 V noci ulehli[13] jsme na lůžko[14] a Bušek z Vel-
hartic Starší před námi na jiné lůžko.[14] V síni
byl rozdělán[15] veliký oheň, protože byl čas zim-
ní, a hořelo tam mnoho svic, takže bylo dosti
světla a dveře i okna všechna byly zavřeny. A
40 když jsme usnuli, tu někdo, nevím kdo, chodil
po síni, takže jsme se oba probudili. I kázali[16]
jsme řečenému Buškovi, aby vstal a podíval se,
co to bylo. On pak, vstav, obešel síň, ale nic
neviděl, i když dlouho hledal.
45 I rozdělal[15] větší oheň a rozsvítil[15] více svící a
šel k číším,[17] které stály naplněny vínem na
lavicích; napil se a postavil číši[17] vedle jedné
veliké svíce, která hořela. Napiv se pak ulehl
znovu na lůžko.[14] My, oděni[18] byvše ve svém
50 plášti, seděli jsme na svém lůžku[14] a slyšeli jsme
někoho přecházeti, ale neviděli jsme nikoho. A
tak dívajíce se s řečeným Buškem na číše[17] a
svíce, spatřili jsme, jak se jedna číše skácela;[19] a
táž číše byla vržena, nevíme kým, přes lůžko[14]
55 Buškovo z jednoho rohu síně až do druhého na
sténu, a odrazivši[20] se od ní, padla doprostřed
síně. Spatřivše to, poděsili[21] jsme se nemálo a

[11]on horseback

[12]chamberlain

[13]lie down　[14]bed

[15]kindle

[16]order

[17]goblet

[18]dress

[19]fall over

[20]bounce
[21]take fright

stále jsme slyšeli někoho přecházeti po síni, ale
neviděli jsme nikoho. Potom však, poznamenav-
60 še[22] se svatým křížem, ve jménu Kristově jsme   [22]make the sign
spali až do rána. A ráno vstavše, našli jsme
číši,[17] jak byla hozena uprostřed síně, a ukázali
jsme to svým blízkým, když k nám ráno přišli.

GLOSSARY

The Czech-English glossary below contains approximately 2,500 of the most common Czech words. It does not, however, include several categories of words:
— most cognates (e.g., *energie, existovat, forma,* etc.)
— numbers, ordinal and cardinal
— days of the week and months of the year
— place-names, nationalities, and languages
— prefixed verbs of motion used in the literal sense
— most indefinite pronouns
— personal pronouns.
Since familiarity with these words usually comes as the student learns the rudiments of grammar, they will not be glossed when they appear in the reading selections.

Two classes of words will not be glossed even though they do not appear in the glossary or belong to any of the above categories. The first is compound words that yield to straightforward interpretation (e.g., *předhistorický, novodobý*). The second is words clearly related to items already in the glossary. Thus, *stříbrný, neklidný, sousedit,* and *spisek* will not be glossed, because *stříbro, klidný, soused,* and *spis* are in the glossary. If, however, a consonant alternation takes place in the derivational process (e.g., *mračný* from *mrak, hošík* from *hoch*), the words will generally be glossed.

All morphological information comes from the excellent four-volume *Slovník spisovného jazyka českého* (Prague 1960-1971). Students will want to consult it regularly in conjunction with the glossary.

Unless otherwise marked, nouns ending in a consonant are masculine, nouns ending in *-a* are feminine, and nouns ending in *-o, -e,* or *-í* are neuter.

ABBREVIATIONS

bud.	budoucí čas	future
j.	jednotné číslo	singular
m.	mužský rod	masculine
min.	minulý čas	past tense
mn.	množné číslo	plural
pomn.	pomnožné podstatné jméno	pluralia tantum
roz.	rozkazovací způsob	imperative
s.	střední rod	neuter
ž.	ženský rod	feminine

a and
aby in order to
ač although
ačkoli(v) although
ahoj 1. hi!   2. see you!
ach oh
aj. (a jiné, a jiní) and so on
akce (ž) operation
aktuální up-to-date, topical, present-day
ale but
alespoň at least
anděl (1.mn. -é) angel
anebo or, or else
aniž(by) without
ani . . ., ani neither . . . nor
ani ne not even
ano yes
antikvariát second-hand bookstore
apod. (a podobně) and so on
armáda army
asi 1. probably   2. about, approximately
aspoň at least
ať 1. let, have (sby do sth)   2. whether
atd. (a tak dále) and so on
avšak however
až 1. when (in the future)   2. not until 3. as far as (up) to
ba why, in fact
bába (2.mn. bab) old woman
babička grandmother
bádat o čem do research on
balík package, parcel
balit, zabalit pack, wrap
banka bank
barva color
báseň, -sně (ž) poem
básník poet
bát se koho čeho (1.j. bojím se, min. bál se) be afraid of
bavit, pobavit amuse
   bavit se, pobavit se 1. have a good time   2. chat
běh course
běhat (indeterminate) run
během čeho during, in the course of
–běhnout (stem of prefixed perfective verb of motion) run
beletrie (ž) belles lettres, literature (poetry, fiction, drama)
benzín gasoline, petroleum
bez koho čeho without
bezděčný involuntary, unwitting
bezpečnost, -i (ž) safety, security
bezpečný safe
bezpochyby doubtless
bezprostřední direct, immediate

běžet (3.mn. -í) (determinate) run
   běží o koho co it concerns
běžný common
bída (2.mn. běd) poverty, misery
–bíhat (stem of prefixed imperfective verb of motion) run
bílý white
bít (1.j. biji, min. bil), udeřit/uhodit beat, strike, hit
bitva battle
blahopřát komu čemu (1.j. -přeji) wish sby a happy sth, congratulate sby on sth
blázen, -zna madman
bláznit be/act crazy
blbý (colloquial) 1. stupid, idiotic   2. bad
bledý pale
blesk lighting
blízko koho čeho near
blízký nearby, near
blíž(e) comparative of **blízko**
blížit se, přiblížit se ke komu čemu approach
bližší comparative of **blízký**
bod point, dot
bohatý čím (bohat) rich in
bohužel unfortunately
boj fight, struggle
bojovat fight, struggle
bojovník fighter, warrior
bok side
bolest, -i (ž) pain, grief
bolet (3.mn. -í) hurt
bota shoe
bouře (ž) 1. storm   2. riot, uprising
boží God's
brada chin
brambor potato
brána (2.mn. bran) 1. gate   2. arch
bránit, ubránit koho co defend
   bránit, zabránit komu v čem try to keep sby from sth, prevent sby from doing sth
brát (1.j. beru, min. bral), vzít (1.j. vezmu, min. vzal) take
   brát si, vzít si koho marry sby
bratr brother
bratranec, -nce cousin
brzo/brzy soon
břeh shore, bank
břicho belly
břitký sharp, penetrating
buď . . ., (a)nebo either . . . or
budík alarm clock
budit, probudit/vzbudit wake up, arouse (transitive)

budit se, probudit se wake up (intransitive)
budoucí future (adj.)
budoucnost, -i (ž) future
budova building
budovat, vybudovat build
Bůh, Boha God
by (conditional particle)
bydlet/bydlit live
bystrý bright, keen
byt apartment, flat
být (1.j. jsem, 2. jsi, 3. je, 1.mn. jsme, 2. jste, 3. jsou, roz. buď, min. byl, bud. budu) be
bytí existence, being
bytost, -i (ž) being, creature
byť though, no matter how
bývalý former
bývat be (regularly, habitually)
celek, -lku whole
celkem altogether, on the whole
celkový overall
celý whole
cena 1. price 2. prize
cenit, ocenit 1. estimate 2. value, regard highly
cesta 1. road, path, route 2. trip
cestovat travel
cíl, -e goal
církev, -kve (ž) church (institution)
císař emperor
cit sense, feeling
cítit 1. feel 2. smell
  cítit se feel
citlivý sensitive
cizí foreign
cizina foreign countries
cizinec, -nce foreigner
clo 1. customs 2. duty
co what
což 1. which 2. can it be that
ct- see **čest**
ctnost, -i (ž) virtue
cukr sugar
cvičení exercise
cvičit se exercise
čaj tea
čára line
čárka 1. comma 2. accent mark
čas 1. time 2. tense (grammar)
časný early
časopis magazine
časovat conjugate
část, -i (ž) part
částka amount, sum
často often
častý frequent
čekat, počkat na koho co wait for

čelo 1. forehead 2. (figurative) head
čepice (ž) cap
černý black
čerstvý fresh
čert devil
červený red
čest, cti (ž) honor
čestný honest
četba reading
četný numerous
či, čili or
čí whose
čím . . ., tím the more . . . the
čin feat, act
činit, učinit make, do
činitel, -e factor
činnost, -i (ž) activity
činný active
číslo number
číslovka numeral
číst, přečíst (1.j. čtu, min. četl) read
čistota cleanliness
čistý (čist) 1. clear 2. pure
čítanka reader
článek, -nku 1. article 2. link
člen member
člověk (5.j. člověče, 1.mn. lidé) man (in general sense)
čtenář reader
čtvrt, -i, -ě (ž) (mn.1.4.5. -i, -ě, 3. -ím, 7. -ěmi) quarter
čtvrť (see **čtvrt**) quarter, district
dál(e) comparative of **daleko**
daleko far
daleký far off, distant
dálka distance
další 1. farther, next 2. comparative of **daleký**
dáma lady
dar talent
dárek, -rku gift
darovat (imperfective and perfective) give (as a gift)
dařit se, podařit se komu 1. succeed 2. get along, feel (imperfective only)
datum, -ta (s) date
dav crowd
dávat, dát 1. give 2. place, put
  dejme tomu let's say
  dá se (co dělat) it is possible (to do sth)
  dát se do čeho begin to do sth
dávno a long time ago
dbát na co heed, pay attention to
  dbát o koho co look after
dcera (j.3.6. dceři) daughter
děd (1.mn. dědové) ancestor
dědeček, -čka grandfather

dědit, zdědit inherit
dech breath
děj action
dějiny, -jin (ž.pomn.) history
děkovat, poděkovat komu za co thank for
dělat, udělat make, do
déle/dýl comparative of **dlouho**
dělit, oddělit separate
dělit, rozdělit divide, distribute, classify (transitive)
    dělit se, rozdělit se divide (intransitive)
    dělit se, rozdělit se o co s kým share sth with sby
délka length
dělnický working-class
dělník (blue collar) worker, working man
delší comparative of **dlouhý**
den, dne (m) (j.3.6. dni, dnu, mn.1.5. dni, dny, 2.mn. dní, dnů) day
denní daily
deska 1. board 2. (phonograph) record
dešť/déšť rain
deštník umbrella
děti see **dítě**
dětství childhood
děvče, -te girl
dík thanks
díky komu čemu thanks to
díl volume, part
dílna workshop
dílo (2.mn. děl) 1. work of an artist taken as a whole, œuvre 2. work of art
díra (2.mn. děr) hole
dít se (3.j. děje se, min. dál se), udát se (3.j. udá se, min. udál se) happen, take place, go on
dítě, -te (s) (1.4.5.mn. děti, 2. dětí, 3. dětem, 7. dětmi) child
div wonder
divadlo theater
dívat se, podívat se na koho co look at
divit se, podivit se čemu be surprised at
dívka girl
divný strange
divoký wild
dlaň, -ně (ž) palm
dlouho for a long time
dlouhý long
dluh debt
dlužný (dlužen) in debt
dnes(ka) today
dnešní today's, of today
dno bottom
do čeho 1. to, into 2. until 3. in, within, by (a certain time limit)

doba time, period
dobrá all right, fine
dobrodružství adventure
dobrovolný voluntary
dobrý good
dobytek, -tka livestock
dobývat, dobýt čeho (1.j. -budu) obtain (with difficulty), conquer
docela completely
docent (university instructor, roughly on the associate professor level)
dočasný temporary
dočkávat (se), dočkat (se) koho čeho acquire, achieve by waiting
dodávat, dodat deliver
    dodávat, dodat k čemu add to
dohoda agreement, treaty
dohromady together
docházet, dojít (1.j. -jdu) occur, come about
    došlo k nehodě an accident occurred
dojem, -jmu impression
dojemný touching
dojímat, dojmout (1.j. dojmu, min. dojal) move, touch, affect
dokazovat, dokázat (1.j. -žu/-ži) 1. try to prove 2. (perfective only) accomplish, be able to do
doklad 1. document, paper 2. proof
dokonalý perfect
dokonavý perfective (aspect)
dokonce even
dokud ne until
dole downstairs
doleva to the left
dolní lower
dolů down, downstairs (with verbs of motion)
doma at home
domácí domestic
domácnost, -i (ž) household
domnívat se suppose
domov, -a (m) 1. home 2. native country
domů home (with verbs of motion)
donutit see **nutit**
dopadnout (perfective) turn out
dopis letter
dopoledne (in the) late morning
doporučovat, doporučit recommend
doprava 1. to the right 2. transportation
doprovázet, doprovodit accompany
dopřát (perfective) **komu** grant, allow
dorozumívat se, dorozumět se make oneself understood
dosahovat, dosáhnout čeho reach, attain
dosavadní already existing

doslovný literal
dospělý grown-up, adult
dospívat, dospět k čemu 1. mature 2. arrive at, come to
dost/dosti 1. enough 2. rather 3. quite a few
dostat (se) see dostávat se
dostatečný sufficient
dostávat, dostat (1.j. -stanu) receive
   dostávat se, dostat se někam get somewhere
dosud up to now
dotýkat se, dotknout se čeho (min. dotkl) touch
doufat hope
dovědět se see dovídat se
dovést (1.j. -vedu) be able to, know how to
dovídat se, dovědět se see do(z)vídat se
dovnitř inside (with verbs of motion)
dovolená (adjective used as noun) vacation, holiday, leave
dovolovat, dovolit komu co allow, permit
dozadu backward
do(z)vídat se, do(z)vědět se (1.j. -vím, 3.mn. -vědí) learn, find out
dráha (2.mn. drah) 1. course, line, trail 2. railroad
drahý 1. expensive 2. dear
drát wire
dráž(e) comparative of draho
dražší comparative of drahý
drobný small, tiny
   drobné (m.mn.) (small) change
druh 1. type 2. friend
druhý second, other
družstvo 1. cooperative 2. team
držet (3.mn. -í) hold
dřevo wood
dřív(e) sooner
   nejdříve first of all
duch 1. spirit 2. mind
důkaz proof
důkladný thorough
důl, dolu 1. mine 2. valley
důležitý important
dům, domu house
důraz emphasis
důsledek, -dku consequence, result
důsledný consistent
důstojník officer
duše (ž) soul
duševní spiritual
dutý hollow
důvěra trust
důvěrný 1. trusting 2. intimate
důvěřovat komu trust

důvod reason
dveře, -í (ž.pomn.) (7.mn. dveřmi) door
dvůr, dvora 1. court 2. courtyard
dýchat breathe
dýl see déle
dým smoke
eventuálně possibly, sooner or later
eventuální possible
fakulta school, division (of a university)
farář parish priest
fond fund
foukat blow
fronta line, queue
gymnázium, -a (s) (school that prepares students for university study)
háček 1. hook (diacritic) 2. hitch
hádat, uhodnout guess
hádat se, pohádat se argue
hájit, obhájit defend
haléř heller
hanba shame
–hánět (stem of prefixed imperfective verb of motion) chase, drive
hasnout, zhasnout extinguish, put out, go out (intransitive and transitive)
házet, hodit throw
hebký fine, soft
hele! look! hey!
herec, -rce actor
heslo 1. slogan 2. (dictionary) entry
hezký 1. pretty 2. nice
historie (ž) 1. history 2. story
historka story, anecdote
hlad hunger
hladký smooth
hlas voice
hlásit, ohlásit announce
hlásit, prohlásit declare, proclaim
   hlásit se, přihlásit se komu čemu present oneself, report
hlasitý loud, noisy
hlava head
hlavní main, principal
hle! look! lo!
hledat look for
hledět, pohlédnout na koho co look at
   hledět (co udělat) try to do sth
hledisko point of view
hlídat keep watch
hlídka watch, guard
hlína clay
hloubka depth
hloupý stupid
hluboký deep
hluchý deaf
hluk noise
hmota substance

hmyz insects
hnát (1.j. ženu, min. hnal) (determinate) chase, drive
hned immediately
hned . . ., hned now . . . now, first . . . then
hnědý brown
hněv anger
hněvat se, rozhněvat se na koho be/get angry with
hnízdo nest
hnout (se) see hýbat se
hnutí (social, political) movement
hodina 1. hour 2. lesson, class
hodiny, -in (ž.pomn.) clock
hodinky, -nek (ž.pomn.) watch
hodit see házet
hodit se k čemu 1. be good, suitable for 2. match, go well with
hodně 1. many, a lot 2. very
hodnota value
hodnotit, zhodnotit evaluate
hodný nice, kind
hoden čeho worthy of
hoch boy
hojný plentiful
holka (5.j. holka) (colloquial) girl
holý bare
honem 1. quickly, right away 2. hurry up!
honit (indeterminate) chase, drive
hora mountain
horký hot
horní upper
horší comparative of špatný
hořet, shořet burn (intransitive)
hořký bitter
hospoda (Czech variety of pub, beer hall)
hospodářství 1. economy, management 2. estate, large farm
host (1.mn. -é) guest
hostinec, -nce see hospoda
hotový (hotov) ready
houba (2.mn. hub) mushroom
housle, -í (ž.pomn.) violin
hovor talk, conversation
hovořit speak, talk
hra 1. game 2. play
hrabě, -te (m) (1.mn. -bata) count
hraběnka countess
hrad fortress
hranice (ž) border
hrát (1.j. hraji, min. hrál) play (a game)
hrát na co play (an instrument)
hrdina (m) hero
hrdlo throat
hrdý na koho co proud of
hrob tomb

hrom thunder
hromada pile
hrozit, pohrozit komu čím threaten sby with sth
hrozný terrible
hrubý coarse
hruď, -i (ž) chest
hrůza terror
hřát, ohřát (1.j. -hřeji, min. -hřál) heat, warm
hřích sin
hubený thin
hudba music
hudební musical
hůl, hole (ž) stick
hůř(e) comparative of špatně
hustý thick, dense
hvězda star
hýbat, hnout čím move sth (transitive)
hýbat se, hnout se move (intransitive)
hynout, zahynout perish
chalupa cottage
chápat (1.j. chápu, roz. chápej), pochopit understand, grasp
chápat (1.j. chápu, roz. chápej), uchopit grab, seize, grasp
–cházet (stem of prefixed imperfective verb of motion) go (on foot)
chladný cool
chlap (grown) man, fellow
chlapec, -pce boy
chapík see chlap
chléb, chleba bread
chodba corridor
chodit (indeterminate) go (on foot)
chodník sidewalk, pavement
choroba disease
chovat se behave
chrám cathedral, temple
chránit, uchránit před čím protect from
chtít (1.j. chci, 3.mn. chtějí, min. chtěl) want to
chce se mi (dělat co) I feel like (doing sth)
chudák poor fellow, wretch
chudoba poverty
chudý (chud) poor
chuť, -i (ž) (3.mn. -ím, 7. -emi) 1. taste 2. appetite
chvála (2.mn. chval) praise
chválit, pochválit praise
chvět se, zachvět se tremble, quiver
chvíle (ž) (2.mn. chvil) while, time
chvilka a little while
chyba mistake
chybět komu lack, be missing
chystat se get ready to, plan to
chytat, chytit za co 1. grab by 2. catch

chytrý 1. smart 2. crafty, cunning
i and, even, also
   i . . . i both . . . and
ihned immediately
inteligence (ž) intelligentsia
inu see nu
jablko apple
jádro kernel, nucleus
jak how
   jak . . ., tak both . . . and
jakmile as soon as
jako as, like
jakoby as if
jakož, jakožto see jako
jaksi somehow
jaký what sort of
jaro spring
jasný clear
jazyk, -a 1. language 2. tongue
jazykověda linguistics
jeden 1. one 2. a certain one
jedinec, -nce individual
jedinečný unique
jediný 1. sole, only 2. single
jednak . . ., jednak partly . . . partly
jednání act (of a play)
jednat act
jednoduchý simple, plain
jednota unity
jetnotka unit
jednotlivec, -vce individual
jednotlivý individual
jednotné číslo singular
jednotný united, unified, uniform
jednou once
jelikož because
jemný fine, delicate
jen/jenom only
jenž who, that, which
jenže but, only
jestli/jestliže if
ještě still, yet
jet (1.j. jedu, bud. pojedu, min. jel) (determinate) go (by vehicle)
jev phenomenon, feature
jeviště stage
jevit, projevit manifest, display
jezdit (indeterminate) go (by vehicle)
jezero lake
jídelna dining room
jídlo 1. food 2. meal
jih south
jinak 1. otherwise 2. differently
jinam elsewhere (with verbs of motion)
jinde elsewhere
jindy at another time
jiný other, different
jiskra spark

jíst (1.j. jím, 3.mn. jedí, roz. jez, min. jedl), sníst eat
jistota certainty
jistý (jist si) čím certain, sure of sth
jít (determinate) (1.j. jdu, bud. půjdu, min. šel) go (on foot)
   jde o koho co it concerns
jitro morning
již already
–jíždět (stem of prefixed imperfective verb of motion) go (by vehicle)
jižní southern
jméno (2.mn. jmen) name
jmenovat appoint (imperfective and perfective)
   jmenovat, pojmenovat name
   jmenovat se be called
jo yes (colloquial)
k (ke, ku) komu čemu 1. toward, in the direction of 2. to the house/office of
kabát coat
kalhoty, -hot (ž.pomn.) trousers
kam where (with verbs of motion)
kamarád good friend
kámen, kamene (j.3.6. kameni) stone
kamna, -men (s.pomn.) stove
kancelář, -e (ž) office, bureau
kapitola chapter
kapka drop
kapsa pocket
karta card
katedra (university) department
káva coffee
kázat (1.j. -žu, -ži) preach
kazit, zkazit ruin, spoil (transitive)
   kazit se, zkazit se spoil (intransitive)
každý every
kde where
kdepak definitely not
kdežto whereas
kdo who
kdy when
kdyby if (in conditional sentences)
když when
kéž by if only
kino cinema, movies
kladný positive
klamat, oklamat (1.j. -u) deceive
klamat, zklamat (1.j. -u) disappoint
klást (1.j. kladu, min. kladl), položit put, place (in a reclining position)
klášter, -a monastery, convent
klavír piano
klenot jewel
klepat, zaklepat na co (1.j. -u, -ám) knock on
klesat, klesnout fall, decrease
klíč key

klid   peace and quiet, calm
klidný   calm
klín, -a   lap
klobouk   hat
kluk   (colloquial) boy, kid
kluzký   slippery
kmen, -e   1. (tree) trunk   2. tribe   3. stem (of a word)
kněz, -e (m) (mn.1.2.5. -ží, 3. -žím, 4. -ze, 7. -žími)   priest
kniha   book
knihkupectví   bookstore, bookshop
knihovna   library
kníže, -te (m) (1.mn. knížata)   prince
knoflík   button
kočka   cat
kolega (m)   colleague
kolej, -e (ž)   dormitory, student hostel
kolem koho čeho   1. around   2. past   3. approximately
koleno   knee
kolik   how much, how many
kolísat   vacillate, hesitate
kolo   wheel
komora   chamber
konat se   take place
koncovka   ending
končit, skončit   finish, end
konec, -nce   end
koneckonců   in the last analysis
konečný   final
kopat, kopnout (1.j. -u, -ám)   1. dig   2. kick
kopec, -pce   hill
kopnout   see kopat
koruna   crown
kořen, -e   root
kořist   booty, spoils
kost, -i (ž)   bone
kostel, -a   church
košile, -e (ž) (2.mn. -il)   shirt
koukat (se), kouknout (se) (na koho co)   look at sby/sth (colloquial)
koupat se, vykoupat se (1.j. -u, -ám)   1. take a bath   2. go swimming
koupit   see kupovat
kouřit   smoke
kousat (1.j. -šu, -sám), kousnout   bite
kousek, -sku   piece
kout, -ta   corner (of a room, drawer)
kouzlo   1. sorcery, magic   2. charm
kov   metal
krabice (ž)   box
kráčet   walk, pace
kraj   1. edge   2. region, area, county
krajina   1. countryside   2. landscape (art)
krajní   extreme

král, -e (1.mn. -ové)   king
královna   queen
království   kingdom
krám (colloquial)   1. store, shop   2. junk
krása   beauty
krásný   beautiful
krást, ukrást (1.j. kradu, min. kradl)   steal
–krát   time(s)
krátit, zkrátit   shorten
krátký   short
kráva (2.mn. krav)   cow
kresba   drawing, sketch
krev, krve (ž)   blood
krk   neck
krok   step
kromě koho čeho   1. except   2. besides, in addition to
krotký   tame, mild
kroužek, -žku   1. circle over a long u   2. circle, club
kruh   circle
krutý   cruel, fierce
krýt, pokrýt (1.j. kryji, min. kryl)   cover
krýt, ukrýt (1.j. kryji, min. kryl)   hide, conceal
křehký   fragile
křepký   nimble, sprightly
křeslo   armchair
křesťan   Christian
křičet, křiknout   shout
křídlo   wing
křik   shout
křiknout   see křičet
křivý   crooked
kříž   cross
který   who, that, which
kudy   in which direction
kufr   suitcase
kuchyně (ž)   kitchen
kulatý   round
kůň, koně (mn.1. koně, 2. koňů, koní, 3. koňům, koním, 7. koni, koňmi)   horse
kupec, -pce   merchant
kupovat, koupit   buy
kupředu   forward
kurs   course
kus   piece
kůže (ž)   1. skin   2. leather
kvést (3.mn. kvetou, min. kvetl)   be in bloom
květ   1. bloom   2. flower
květina   flower
kvůli komu čemu   because of
kynout, pokynout   nod, make a sign
kyselý   sour
kytice (ž)   bouquet
laciný   inexpensive, cheap
láhev, -hve (ž)   bottle

lákat attract
lámat (1.j. -u), zlomit break
láska ke komu čemu love for
laskavý (laskav) kind
látka material
lavice (ž) bench
lázeň, -zně (ž) bath
  lázně (ž.mn.) spa, watering place
leč (literary) but
léčit treat (illness)
led ice
leda 1. unless 2. except, only
legrace (ž) fun
legrační funny
lehat si, lehnout si lie down
lehký 1. light 2. easy
lehnout si see lehat si
lékař doctor, physician
lekat, polekat frighten
  lekat se, leknout se koho čeho be
  frightened of
lekce (ž) lesson (in a book)
leknout se see lekat se
lépe/líp comparative of dobře
lepší comparative of dobrý
les, -a woods, forest
letadlo airplane
létat (indeterminate) fly
–létat (stem of prefixed imperfective
  verb of motion) fly
letět (3.mn. -í) (determinate) fly
letiště airport
léto (2.mn. let, 3. letům, 7. lety) summer
letos this year
levný inexpensive
levý left
lézt (1.j. lezu, min. lezl) 1. crawl 2. climb
lež, lži (ž) (mn.3. lžím, 6. lžích, 7. lžemi)
  lie
ležet (3.mn. -í) lie
lhát, zelhat (1.j. lžu, min. lhal) lie
lhostejný indifferent
–li if, whether
líbat, políbit kiss
líbit se komu like
líčit, vylíčit depict, portray
lid people, folk
lidé see člověk
lidový folk, people's
lidský 1. human 2. humane
lidstvo mankind, humanity
linka straight line
líný lazy
líp see lépe
list 1. leaf 2. sheet (of paper)
lístek, -tku 1. ticket 2. postcard
lišit, rozlišit od čeho distinguish, differ-
  entiate

lišit se od čeho be different from
lít (1.j. liji) pour
literatura literature
líto sorry
lítost, -i (ž) sorrow
litovat be sorry for
loď, -i (ž) (mn.3. -ím, 7. -děmi) ship
loďka boat
loket elbow
loni last year
loučit se, rozloučit se s kým part with
louka (mn.2. luk) meadow
lze it is possible
máj May (in certain fixed expressions
  and often in poetry)
majetek, -tku property
majitel, -e owner
málem almost
maličký tiny
malíř painter
málo not much, few, little
málokdy rarely
malovat paint
malý small
maminka mother, mom(my) (endearing)
manžel husband
manželka wife
mapa map
marný futile, vain
mařit čím waste
máslo butter
maso meat
mást, zmást (1.j. matu, min. mátl) con-
  fuse
mateřština native language
matka mother
měkký soft
mělký shallow
méně/míň comparative of málo
měnit, proměnit transform
měnit, vyměnit za co exchange for
měnit, změnit change (transitive)
  měnit se, změnit se change (intransi-
  tive)
menší comparative of malý
měřit, změřit measure
měsíc 1. moon 2. month
město city
měšťák 1. city dweller, townsman 2.
  bourgeois
mezi koho co between, among (with
  verbs of motion)
mezi kým čím between, among
mezinárodní international
míchat, smíchat mix
míjet, minout pass
milenec, -nce lover
milost, -i (ž) mercy

milostný   merciful
milovat   love
milý   dear
mimo koho co   1. except   2. besides, in addition to   3. outside of   4. past
mimochodem   by the way
mimořádný   extraordinary
míň   see méně
mínění   opinion
mínit   1. mean   2. be of the opinion
minout   see míjet
minulost, -i (ž)   past
minulý   last, past
mír   peace
míra (2.mn. měr)   1. measure   2. extent
mírný   mild
mířit, namířit na koho co   aim at
místní   local
místnost, -i (ž)   room
místo   1. place   2. job
místo koho čeho   instead of
mistr   master
mít (1.j. mám, roz. měj, min. měl)   1. have   2. have to, be supposed to
   mít se   feel, be getting along
mizet, zmizet   disappear
mládenec, -nce   young man, youth
mládež, -e (ž)   youth, the younger generation
mládí   youth
mladík   young man
mladý (mlád)   young
mlčet, odmlčet se   be/fall silent
mléko   milk
mlha   fog, mist
mluvit   speak, talk
mluvnice (ž)   grammar
mlýn, -a   mill
mnohem   much (with a comparative)
mnoho   many, much
mnohý   many a
množné číslo   plural
množství   number, quantity
moc, -i (ž)   power
moc   1. very   2. many   3. too much
moci (1.j. mohu, můžu, 2. můžeš, 3.mn. mohou, můžou, min. -hl)   be able to
modlitba   prayer
modrý   blue
mohutný   powerful
mokrý   wet
moře   sea
most   bridge
moudrý   wise
mouka   flour
mozek, -zku   brain
možná   maybe
možnost, -i (ž)   possibility

možný   possible
mrak   (storm) cloud
mravní   moral
mráz, mrazu   frost
mrtvý   dead
mrznout, zmrznout   freeze
muset/musit   have to, must
muž   1. man   2. husband
mužský   1. masculine (adj.)   2. man (noun, colloquial)
mýlit se, zmýlit se   be wrong, make a mistake
mysl, -i (ž) (3.mn. -ím, 7. -emi)   1. mind   2. spirit
myslet/myslit (3.mn. -í)   1. think   2. mean
   myslet na koho co   think about, have in mind
   myslet o kom čem   think about, have an opinion of
myšlenka   thought
mýt, umýt (1.j. myji, min. myl)   wash
   mýt se, umýt se   get washed
mzda   salary, wages
na koho co   1. on (with verbs of motion)   2. to (with verbs of motion)   3. for (purpose, a certain amount of time)
na kom čem   1. on   2. at
na shledanou   good-bye
nabízet, nabídnout   offer
náboženství   religion
nábřeží   quay, embankment
nabýt   see nabývat
nábytek, -tku   furniture
nabývat, nabýt (1.j. -budu)   obtain, acquire
nad/nade koho co   over, above (with verbs of motion)
nad/nade kým čím   over, above
nadání   talent
nadaný   talented, gifted
nadarmo   in vain
naděje (ž)   hope
nádherný   wonderful
nádraží   railroad station
nadšení   enthusiasm
nadšený kým čím   enthusiastic about
náhlý   sudden
náhoda   chance
nahoru   up, upstairs (with verbs of motion)
nahoře   up, upstairs
nahrazovat, nahradit   replace
nahý   naked
nacházet, najít (1.uj. -jdu)   find
najednou   all of a sudden
najímat, najmout (1.j. -jmu, min. -jal)   rent out

najímat si, najmout si   hire, rent
najíst se čeho (1.j. -jím)   eat one's fill
najít   see **nacházet**
náklad   1. load   2. expense   3. printing
nakladatelství   publishers, publishing house
nakonec   finally
nakupovat, nakoupit   1. go shopping   2. buy a supply of
nálad   mood
naléhavý   urgent
nalevo   on/to the left
nalézat, nalézt (1.j. -znu)   find
náležet komu čemu   1. belong to   2. be fitting
náležitý   appropriate
námaha   hard work, strain
namáhat   strain, tire out
namáhavý   tiring, fatiguing
náměstí   square
namířit   see **mířit**
namítat, namítnout   object
námitka   objection
naopak   on the contrary
nápad   idea
napadat, napadnout   1. enter sby's mind   2. attack
napětí   tension
nápěv   melody
napít se čeho (1.j. -piji)   drink one's fill of
naplnit   see **plnit**
napodobovat, napodobit   imitate
naposledy   for the last time
napravo   on/to the right
naprosto   absolutely, completely
naproti komu čemu   1. opposite, across the way from   2. as compared with
např. (například)   for example, e.g.
napřed   1. ahead, in front   2. beforehand
napsat   see **psát**
narážet, narazit co o co, na co   bump sth up against sth
   narážet, narazit na koho co   1. meet with   2. allude to
národ, -a   nation
narodit se   see **rodit se**
národní   national
národnost, -i (ž)   nationality
nárok   claim, demand
narozeniny, -in (ž.pomn.)   birthday
nářečí   dialect
násilí   force
následek, -dku   consequence, result
následovat   follow
nastávat, nastat (1.j. -stanu)   come, set in, occur
nástin   outline, sketch
nastoupit   see **nastupovat**

nástroj   1. (musical) instrument   2. tool
nastupovat, nastoupit na co   1. start, enter on   2. board (a vehicle)
–nášet   (stem of prefixed imperfective verb of motion)   carry (on foot)
naštěstí   fortunately
naučit (se)   see **učit se**
návrh   suggestion
navrhovat, navrhnout   suggest
návštěva   visit
návštěvník   visitor
navštěvovat, navštívit   1. visit   2. attend
navzájem   mutually
navzdor(y) čemu   in spite of
navždy   forever, for good
název, -zvu   title
názor   opinion, view
názorný   graphic, clear
nazpaměť   by heart
nazývat, nazvat co čím   call sth sth
ne   no
nebe (pomn. nebesa, -es)   sky, heaven
nebezpečný   dangerous
nebo   or
neboť   for, since, because
něco   something
něčí   someone's
nedávno   recently
neděle (ž)   1. (2.mn. -í) Sunday   2. (2.mn. neděl) week
nedorozumění   misunderstanding
nedostatek, -tku   lack, shortage
nehoda   accident
nechávat, nechat (roz. nech)   let, leave
   nechávat, nechat čeho   stop, give up, drop
   nechávat si, nechat si   keep
nějak   somehow
nějaký   some sort of
nejen   not only
někam   somewhere (with verbs of motion)
někde   somewhere
někdo   someone
někdy   1. sometimes   2. once (future)
několik   a few, several
některý   one or another, some
nelze   it is impossible
nemoc, -i (ž)   illness
nemocný/nemocen   ill
němý   dumb, mute
nenávidět   hate
nenávist, -i (ž)   hate
nepatrný   slight, insignificant
nepříjemný   unpleasant
nepřítel, -e (mn.1. -přátelé, 2. -přátel, 7. -přáteli)   enemy
nerad   unhappy, against one's will
   mám tě nerad   I dislike you

nerada mluví she doesn't like to talk
nesmírný vast, immense
nesmysl nonsense
nést (1.j. nesu, min. nesl) (determinate) carry (while on foot)
nešťastný unhappy
neštěstí 1. bad luck, misfortune 2. accident
neteř, -e (ž) niece
neustálý unceasing, constant
neuvěřitelný unbelievable
nevěsta bride
nevinný innocent
nezávislý independent
neznámý (neznám) unknown
než 1. before 2. than
něžný tender
nic nothing
ničit, zničit destroy
nijak in no way
nikde nowhere
nikdo no one
nikdy never
nikoli(v) not at all
nit, -i (ž) (mn.1.4., -ě, 3. -ím, 7. -ěmi) thread
nitro interior
nízký low
níže comparative of **nízko**
nižší comparative of **nízký**
no 1. well 2. yes
noc, -i (ž) night
noční nocturnal
noha 1. leg 2. foot
nos nose
nosit (indeterminate) carry (while on foot), wear
novinář journalist
noviny, -vin (ž.pomn.) newspaper
nový new
nu 1. come on 2. well
nudný boring
nula zero
nutit, donutit/přinutit force
nutnost, -i (ž) necessity
nuž see **nu**
nůž, nože knife
nýbrž but, rather
nyní now
ó oh!
o koho co up against
o kom čem 1. about 2. during (with plural holiday words)
oba, obě both
obálka envelope
obava fear
obávat se fear
občan (1.mn. -é) citizen (m)

občanka citizen (f)
občas from time to time
obdivovat admire
období period
obec, -bce (ž) community
obecenstvo audience
obecný common
oběd, -a noonday meal (the main meal of the day)
obědvat have *oběd*
obejít se see **obcházet se**
obejmout see **objímat**
oběť, -i (ž) victim, sacrifice
obětovat sacrifice
obhájit see **hájit**
obcházet se, obejít se bez koho čeho (1.j. -jdu) do without
obchod 1. business, trade 2. store
obchodník businessman
obilí grain
objednávat, objednat order
objev discovery
objevovat, objevit discover
    objevovat se, objevit se appear
objímat, obejmout (1.j. -jmu, min. -jal) embrace
obklopovat, obklopit surround
oblast, -i (ž) territory
oblékat, obléci (1.j. obleku, obleču, min. oblekl) dress
    oblékat se, obléci se get dressed
    oblékat si, obléci si put on (clothes)
oblíbený 1. popular, well liked 2. favorite
obličej face
obloha sky
obor branch of study, field
obracet, obrátit turn (transitive)
    obracet se, obrátit se turn (intransitive)
obrana defense
obrátit (se) see **obracet (se)**
obraz picture, image
obrážet, obrazit reflect
obrovský gigantic
obsadit see **obsazovat**
obsah content
obsahovat contain
obsazený occupied, taken
obsazovat, obsadit occupy
obsluhovat, obsloužit serve
obtěžovat bother, annoy
obtíž, -e (ž) difficulty, problem
obvyklý usual
obyčejný ordinary
obyvatel, -e inhabitant
obyvatelstvo population
obzor horizon

obžalovat see žalovat
ocenit see cenit
octnout se (perfective) find oneself
očekávat expect
od koho čeho 1. (away) from 2. since 3. by (an author, composer, etc.)
odborný specialized, professional
oddělení department
oddělit see dělit
odevšad from everywhere
odevzdávat, odevzdat hand in, hand over
odevzdávat se, odevzdat se surrender, yield (intransitive)
odjinud from elsewhere
odkládat, odložit put off, postpone
odkud from where
odlišit se see lišit se
odložit see odkládat
odměňovat, odměnit za co reward, recompense for
odmítat, odmítnout refuse, reject
odmlčet se see mlčet
odolávat, odolat komu čemu resist
odpočívat, odpočinout si rest
odpoledne (in the) afternoon
odpor resistance
odporovat komu čemu contradict, go against
odpouštět, odpustit komu co pardon sby for sth
odpověď, -i (ž) (mn.3. -ím, 7. -ďmi) answer
odpovědný komu za co responsible to sby for sth
odpovídat, odpovědět komu na co (1.j. -vím) answer
odpovídat, odpovědět čemu correspond to
odpustit see odpouštět
odsoudit see odsuzovat
odstavec, -vce paragraph
odstraňovat, odstranit remove, do away with
odsud from here
odsuzovat, odsoudit condemn
odtamtud from there
odtud from here
odůvodňovat, odůvodnit justify
odvaha courage
odvažovat se, odvážit se dare
odvětví line, branch
oheň, -hně fire
ohlas 1. echo 2. response, reception
ohlásit see hlásit
ohled regard, respect
ohromný 1. enormous, huge 2. marvelous, fantastic
ohrozit see hrozit

ohřát se see hřát
ochotný (ochoten) willing
ochrana protection
okamžik moment
okamžitý immediate
oklamat see klamat
okno window
oko (s) (mn.1.4. oči, 2. očí, 3. očím, 7. očima) eye
okolí surroundings
okolnost, -i (ž) circumstance
okolo koho čeho 1. around 2. past 3. approximately
okraj edge, outskirts, margin
okres district, county
olej oil
omezovat, omezit na co limit to
omlouvat, omluvit excuse
omlouvat se, omluvit se komu apologize
omyl error, mistake
onen that
opak opposite
opakovat repeat
opatrný careful
opatřovat, opatřit 1. get, procure 2. provide with
opět again
opice (ž) monkey
opírat, opřít o co (1.j. opřu, min. opřel) lean against (transitive)
opírat se, opřít se o co lean against (intransitive)
opisovat, opsat (1.j. -píšu, -píši) copy
opona (theater) curtain
opouštět, opustit abandon
opravdový real, genuine
opravdu really
opravovat, opravit 1. correct 2. fix, repair
opustit see opouštět
opřít (se) see opírat (se)
opsat see opisovat
oslavit see slavit
oslovovat, oslovit address
osoba person
osobní personal
ostatně anyway, when all is said and done
ostatní rest, remaining
ostrov, -a island
ostrý sharp
osud 1. fate 2. (pl) adventures
osvobozovat, osvobodit free, liberate
ošklivý 1. ugly 2. disgusting
otázat se see tázat se
otázka 1. question 2. issue
otec, -tce (1.mn. otcové) father

otevřít   see otvírat
otočit   see točit
otvírat, otevřít (1.j. -tevřu, min. -tevřel)
   open
otvor   opening
ovládat, ovládnout   have/gain control
   over, dominate
ovlivňovat, ovlivnit   influence
ovoce   fruit
ovšem   1. of course   2. however
oznamovat, oznámit   inform, let know
ozývat se, ozvat se (1.j. -zvu)   respond,
   break the silence, make one's pres-
   ence known
oženit se   see ženit se
pád   1. case (grammar)   2. fall, ruin
padat, padnout/spadnout   fall
páchnout čím   smell of
–pak   (makes a question word rhetorical
   or expresses curiosity)
pak   then
pálit, spálit   burn (transitive)
památka   1. souvenir   2. remembrance
pamatovat na koho co   remember, keep
   alive in one's memory
pamatovat se na koho co   remember
pamatovat si, zapamatovat si koho co
   remember
paměť   memory
pán   1. Mr., sir   2. gentleman   3. lord
pánbůh, pánaboha   the Lord
paní   1 Mrs.   2. woman   3. lady
panovat nad čím   rule, reign over
papír   paper
paprsek, -sku   ray
pár   couple
pára   steam, vapor
pás   belt, band, strip
patrný   apparent, unmistakable, obvious
patro   floor, story
patřit komu   1. belong to
   patřit k čemu   be among
   jak se patří   as it should be, comme
   il faut
paže (ž)   arm
péci, upéci (1.j. peču, min. pekl)   bake
péče (ž)   care
pečlivý   careful
peklo   hell
pěkný   pretty, nice
peníz, -e (mn.2. -ů)   coin
peníze, -něz (m.pomn.)   (2. -něz, 3.
   -nězům, 6. -nězích, 7. -nězi)   money
pero/péro   pen
pes, psa   dog
pěst, -i (ž)   fist
pěstovat   cultivate
pestrý   1. multicolored   2. varied

pěšky   on foot
pevný   firm, solid
pilný   diligent, hard-working
píseň, -sně (ž)   song
písmeno   letter (of the alphabet)
pít, vypít (1.j. piji)   drink
pitomý   stupid
pivo   beer
pláč   crying, weeping, tears
plakat (1.j. pláču)   cry
plakát   poster
plamen, -e (mn.1.4. -y, 2. -ů)   flame
plášť, -e (m)   1. overcoat   2. cloak
plat   pay, salary
platit   be valid
platit, zaplatit komu za co   pay sby for
   sth
plátno   1. cloth   2. linen, canvas   3. screen
platný   valid
plavat (1.j. -u)   swim
pláž, -e (ž)   beach
plést se, zaplést se do čeho (1.j. pletu se,
   min. pletl se)   meddle with, get mixed
   up with
plést si, splést si (1.j. pletu si, min. pletl si)
   mistake for sby/sth else
plnit, naplnit   fill
plnit, splnit   fulfill
plný (pln) čeho   full of
plod   fruit (of the soil, of the womb)
plocha   surface
plochý   flat
plot   fence
plout (1.j. pluji, min. plul)   sail, float
plyn   gas
plynný   fluent
plynout, uplynout   go by, pass (time)
po čem   1. after   2. along, all over
pobavit se   see bavit se
pobřeží   coast
pobyt   stay, sojourn
pocit   feeling
poctivý   honest
počasí   weather
počátek, -tku   beginning
počet   quantity, number
počínat si   behave
počít (1.j. počnu, min. počal)   1. begin,
   open, initiate   2. conceive (a child)
počítat   count, reckon
   počítat s čím   take into account
počkat   see čekat
pod(e) koho co   under, below (with verbs
   of motion)
pod(e) kým čím   under, below
podařit se   see dařit se
podávat, podat   pass, hand
poděkovat   see děkovat

podél čeho   along
podepsat   see podpisovat
podezírat z čeho   suspect of
podezíravý   suspicious, suspecting
podezřelý   suspicious(-looking), suspect
podíl   share, portion, allotment
podívat se   see dívat se
podivit se   see divit se
podivný   odd, peculiar
podivuhodný   remarkable
podlaha   floor
podle koho čeho   according to
podmět   (grammatical) subject
podmínka   condition
podnět   stimulus, initiative
podnik   (business) undertaking, firm
podnikat, podniknout   undertake
podoba   form
podobat se komu čemu   be similar to
podobný komu čemu   similar to
podpisovat, podepsat (1.j. -píšu, -píši)
   sign (transitive)
   podpisovat se, podepsat se   sign (in-
   transitive)
podporovat, podepřít (1.j. -přu, min. -přel)
   support
podrobný   detailed
podstata   essence
podstatné jméno   noun
podstatný   essential
podzim   fall, autumn
pohádat se   see hádat se
pohádka   fairy tale
pohlaví   sex
pohled na co   sight, look, view of
pohlednice (ž)   picture postcard
pohlédnout   see hledět
pohodlný   comfortable
pohyb   motion, movement
pocházet z čeho   stem, come from
pochod   march
pochopit   see chápat
pochopitelný   understandable
pochválit   see chválit
pochyba   doubt
pochybovat o čem   doubt sth
pojednou   suddenly
pojem   concept
pojmenovat   see jmenovat
poklad   treasure
pokládat koho za co   consider sby to be
   sth
pokoj   1. room (in a house or apart-
   ment), bedroom   2. peace and quiet
pokolení   generation
pokoušet se, pokusit se   make an attempt
pokračovat v čem   continue sth
pokrok   progress

pokrokový   progressive
pokrýt   see krýt
pokud   as far as, as long as
   pokud jde/běží o co   as far as sth is
   concerned
pokus o co   attempt at sth
pokusit se   see pokoušet se
pokynout   see kynout
pole   field
poledne   noon
polekat se   see lekat se
polévka   soup
polibek, -bku   kiss
políbit   see líbit
politika   1. policy   2. politics
poloha   position, location
polovice (ž)   half
polovina   half
položit   see klásti
pomáhat, pomoci komu (1.j. -mohu, min.
   -mohl)   help
pomalu   slowly
pomalý   slow
poměr   1. relation, attitude   2. propor-
   tion   3. (plural) conditions
poměrný   relative
pomník   monument
pomoc, -i (ž)   help, aid
pomoci   see pomáhat
pomocí čeho   by means of
poněkud   somewhat, slightly
poněvadž   because
popírat, popřít (1.j. -přu, min. -přel)
   call into question, contest, deny
popisovat, popsat (1.j. -píšu)   describe
poprosit   see prosit
popř. (popřípadě)   or perhaps
popsat   see popisovat
poradit   see radit
porážet, porazit   1. knock down   2. de-
   feat
porážka   defeat
pořád   all the time, constantly
pořádat, uspořádat   organize
pořádek, -dku   order
pořádný   1. neat, tidy   2. good, sound
posazovat se, posadit se   sit down
poschodí   floor, story
posílat, poslat (1.j. pošlu)   send
poskytovat, poskytnout   provide, offer
poslanec, -nce   messenger
poslat   see posílat
poslední   last
poslouchat, poslechnout   1. listen to
   2. obey
posluchač   1. listener, member of an
   audience   2. student
pospíchat, pospíšit (si)   hurry

postarat se see **starat se**
postava 1. figure 2. character, personage
postavení position, standing
postavit see **stavět**
postel, -e (ž) bed
postoupit see **postupovat**
postup 1. advance 2. process, method
postupný gradual
postupovat, postoupit move forward, proceed, make progress
poškodit see **škodit**
pošta 1. post office 2. mail
potěšit (se) see **těšit se**
potíž, -e (ž) difficulty
potkávat, potkat meet
potok brook
potom then
potraviny, -vin (ž.pomn.) foodstuffs, groceries
potrestat see **trestat**
potřeba need
potřebovat need
potvrzovat, potvrdit confirm
pouhý 1. only 2. mere, utter, complete
pouštět, pustit let go
  pouštět se, pustit se do čeho set about, take up, start
poutník pilgrim
pouze only, merely
používat, použít (1.j. -žiji) co/čeho use
povaha character, nature
považovat koho co za koho co consider sby/sth to be sby/sth
povědět (si) see **povídat si**
pověst, -i (ž) 1. legend 2. reputation
povídat, povědět (1.j. -vím) say, tell
  povídat si, popovídat si have a talk
povídka short story
povinnost, -i (ž) duty, obligation
povolání profession
povolovat, povolit 1. allow, grant 2. loosen, slacken
povrch surface
povrchní superficial
povstání uprising, revolt
pozadí background
pozdě late
pozdní late
pozdrav greeting
pozdravit see **zdravit**
pozdravovat koho od koho give sby's regards to sby
pozítří the day after tomorrow
poznámka note
poznání knowledge
poznatek, -tku insight
poznávat, poznat 1. recognize 2. meet, make the acquaintance of

pozor attention
pozornost, -i (ž) attention, attentiveness
pozorovat observe
pozoruhodný noteworthy
pozvat see **zvát**
požádat see **žádat**
požadavek, -vku request
požadovat demand
požár fire
práce (7.j. prací, 2.mn. prací) work
pracovat work
pracovník worker
pracující worker, working man
prádlo 1. linen, underwear 2. wash
práh, prahu threshold, doorstep
pramen, -e (mn.1.4. -y, 2. -ů) spring, source
prapor flag, banner
prase, -te pig
pravda truth
  mít pravdu be right
pravděpodobný probable
právě just, precisely
pravidelný regular
pravidlo rule
pravit (imperfective and perfective) say
právník lawyer
právo the law, right
pravopis orthography, spelling
pravý 1. right (opposite of left) 2. authentic, genuine, veritable
praxe (ž) practice
prázdniny, -in (ž.pomn.) (school) vacation, holidays
  o prázdninách on vacation, holiday
prázdný empty
prima (colloquial) first rate, fine
prkno board
pro koho co 1. for 2. because of
probudit (se) see **budit (se)**
procento percentage
proces trial
proč why
prodávat, prodat sell
prohlašovat, prohlásit declare, proclaim
prohlížet, prohlédnout look through, peruse
prohrávat, prohrát (1.j. -hraji) lose
procházet se, projít se (1.j. -jdu) take a walk
procházka walk, promenade
projednávat, projednat discuss, negotiate
projev 1. speech 2. manifestation
projevit see **jevit**
projít se see **procházet se**
prokazovat, prokázat 1.j. -kážu) show, give evidence of

proměnit   see měnit
promíjet, prominout komu co   pardon sby
  for sth
promlouvat, promluvit   1. utter, speak,
  talk   2. give a speech
pronásledovat   persecute
pronášet, pronést (1.j. -nesu)   1. make a
  speech, toast   2. smuggle
pronikat, proniknout do čeho   penetrate
  sth
prosba   request
prosím   1. you're welcome   2. here you
  are   3. after you   4. at your service
  5. hello (on the telephone)   6. par-
  don?   7. may I help you?
prosit, poprosit o co   ask for
proslulý   renowned
prospěch   profit, benefit, advantage
prospívat, prospět komu čemu   do good
prostor   space
prostředek, -dku   1. means   2. medicine
  3. (literary) device
prostředí   surroundings, environment
prostřední   mediocre
prostřednictvím čeho   by means of
prostý   simple
proti komu čemu   1. against   2. opposite
  3. as compared with
protiklad   contrast, divergence, opposi-
  tion
proto   therefore
protože   because
proud   current
provádět, provést (1.j. -vedu)   guide
  (around the city)   2. implement, put
  into action
provázet, provést (1.j. -vedu)   accompany
provoz   1. operation, running condition
  2. traffic
prozkoumat   see zkoumat
prozrazovat, prozradit   reveal, expose
prožívat, prožít (1.j. -žiji)   1. experience,
  live through   2. spend (time)
prsa, -ou (s.pomn.) (3. -ům, 6. -ou, 7. -y)
  chest
prst   finger
pršet   rain
prudký   violent
průkaz   permit, identity card
průměr   average
průmysl   industry
průvodce (m)   guide
průvodčí   conductor, ticket taker (adj.
  used as a noun)
prvek, -vku   element
prý   it is said, apparently
pryč   away, gone
přání   wish

přát komu co (1.j. přeji, min. přál)   wish
  sby sth
přát čemu   favor
přát si   want, desire
přátelství   friendship
pře (ž)   quarrel
přec(e)   1. all the same, nonetheless   2.
  surely, after all
přečíst   see číst
před(e) koho co   before (with verbs of
  motion)
před(e) kým čím   before
předem   in advance, beforehand
předevčírem   the day before yesterday
především   above all
předložka   preposition
předmět   1. object   2. subject (in school)
  3. object (grammatical)
přednášet   lecture
přednáška   lecture
přední   1. front   2. foremost, prominent
přednost, -i (ž) komu čemu před kým čím
  preference to sby/sth over sby/sth
předpoklad   assumption
předpokládat   assume
předpona   prefix
předpovídat, předpovědět (1.j. -vím)   pre-
  dict
předseda (m)   chairman
představa   idea, notion, conception
představení   performance
představit   see představovat
představovat, představit   1. represent   2.
  introduce
  představovat si, představit si   imagine
předstírat   1. pretend   2. put on airs
předsudek, -dku   prejudice
předtím   before
předvídat   foresee, anticipate
přehánět, přehnat (1.j. -ženu)   exaggerate
přehled   survey
přechod   transition
překážet komu v čem   hinder, distract
  sby from doing sth
překážka   hindrance, obstacle
překlad   translation
překládat, přeložit   translate
překladatel, -e   translator
překonávat, překonat   1. overcome   2.
  surpass
překvapovat, překvapit   surprise
přeložit   see překládat
přemýšlet o čem   reflect on, think over
přerušovat, přerušit   interrupt
přes koho co   1. across, via   2. more
  than   3. throughout   4. in spite of
přesný   exact, accurate, punctual
přestávat, přestat (1.j. přestanu)   stop

přestávka intermission, break
přesto in spite of it all, in any case
přesvědčovat, přesvědčit (try to) convince, persuade
při čem close to, during
příběh story
přiblížit se see blížit se
přibližný approximate
přibližovat, přiblížit ke komu čemu bring close to sby/sth
příbuzný (adj. used as noun) relative
příbuzný s kým related to sby
přibývat increase
příčestí participle
příčina reason
přidávat, přidat k čmeu add to sth
    přidávat se, přidat se k čemu join sth, support sth
přídavné jméno adjective
přihlásit se see hlásit se
přihlížet, přihlédnout k čemu take into account, keep in mind
příhoda occurrence, event
příjemný pleasant
přijímat, přijmout (1.j. přijmu, min. přijal) accept, take
příjmení family name, surname
přijmout see přijímat
příklad example, instance
příležitost, -i (ž) occasion, opportunity, chance
příliš too, too much
přímo 1. directly 2. right, downright
přímý direct, straight
přinutit see nutit
případ case, instance
připadat, připadnout na co fall (on a given day)
    připadat, připadnout komu 1. fall (to a person's lot) 2. seem
připomínat, připomenout komu co (min. připomněl) remind sby of sth
    připomínat, připomenout be reminiscent of
připravovat, připravit na co prepare for
    připravovat, připravit o co deprive of
    připravovat se, připravit se na co prepare for
příroda nature
přirozený natural
přísahat, odpřisáhnout swear
příslovce adverb
přísloví proverb
příslušník member
příslušný proper, necessary
    příslušný k čemu belonging to sth
přísný strict
přispívat, přispět (1.j. přispěji) contribute

přístav port, harbor
přístroj apparatus, appliance
přístup 1. access 2. approach
přistupovat, přistoupit ke komu čemu 1. walk over to, walk up to sth 2. proceed to, proceed with, begin sth
příští next
přitahovat, přitáhnout attract
přítel, -e (mn.1. přátelé, 2. přátel, 7. přáteli) friend (m)
přítelkyně (ž) (mn.2. -yň) friend (f)
přitom at the same time, besides
přítomnost, -i (ž) the present
přítomný present
přízemí ground floor
příznačný pro characteristic of
příznak sign, symptom
přiznávat (se), přiznat (se) confess
příznivý favorable
přízvuk accent
psaní 1. writing 2. letter
psát, napsat (1.j. píšu, píši) write
pták bird
ptát se, zeptat se na koho co ask about
pud instinct
půda 1. soil, ground, land 2. attic, loft
půjčovat, půjčit lend
půjdu see jít
půl half
půlnoc, -i (ž) midnight
působit work, teach, be active
    působit, zapůsobit have an effect
    působit, způsobit cause, make
pustit (se) see pouštět se
pustý desolate
půvabný charming
původ origin, provenance
původní original
pyšný proud, haughty
pytel, -tle bag, sack
ráčit (old-fashioned) (in the imperative)
    račte vstoupit please come in
rád gladly
    jsem rád, že jste přišel I am glad you've come
    máme tě rádi we like/love you
    ráda mluví she likes to talk
rada piece of advice, counsel
rada (m) councillor, councilman
raději comparative of rád
radit, poradit komu v čem advise sby about sth
radost, -i (ž) z čeho joy, pleasure in sth
radovat se z čeho rejoice in sth
radši comparative of rád
ráj paradise
rámec, -mce framework
rameno shoulder

rána wound
ranit, zranit wound
ranní of morning
ráno (in the) morning
raný early
ráz 1. character 2. glottal stop
referát 1. paper (for a conference, seminar) 2. review article 3. department, section (of an organization)
respektive (resp.) or, rather
ret, rtu lip
ročník year, class
rod 1. birth, race, descent 2. gender
rodiče, -ů (m.pomn.) parents
rodina family
rodit se, narodit se be born
rodný native
roh 1. corner 2. horn
rok (6.j. -ce, 1.mn. roky, léta) year
rolník peasant
román novel
rostlina plant
rovnat, vyrovnat balance, align, level
rovněž likewise, also
rovnováha equilibrium
rovný 1. equal 2. level
rozbíjet, rozbít (1.j. -biji) break (transitive)
    rozbíjet se, rozbít se break (intransitive)
rozbor analysis
rozčilovat se, rozčilit se become annoyed, lose one's temper
rozdělit (se) see dělit se
rozdíl difference
rozhlas radio
rozhněvat se see hněvat se
rozhodnutí decision
rozhodný decisive, definite
rozhodovat, rozhodnout decide (transitive)
    rozhodovat se, rozhodnout se decide (intransitive)
rozhovor conversation
rozkaz command
rozlišit see lišit
rozlobit (se) see zlobit (se)
rozloučit se see loučit se
rozmanitý varied
rozměr dimension
rozměrný large, extensive
rozmlouvat, rozmluvit komu co dissuade sby from sth
rozmýšlet, rozmyslet si (3.mn. -í) think over
    rozmýšlet si, rozmyslet si co change one's mind about
rozpak(y) embarrassment, confusion

rozpočet, -čtu budget
rozřešit see řešit
rozsah extent
rozsáhlý extensive
rozšířit (se) see šířit (se) *spread*
rozum reason
rozumět, porozumět komu čemu understand
    to se rozumí of course
rozumný reasonable, sensible
rozvíjet, rozvinout develop (transitive)
    rozvíjet se, rozvinout se develop (intransitive)
rozvoj development
rudý (dark) red
ruka (mn.1.4. ruce, 2. rukou, 3. rukám, 6. rukou, 7. rukama) 1. hand 2. arm
rukopis 1. manuscript 2. handwriting, penmanship
růst (1.j. rostu, min. rostl) grow
rušit, vyrušit disturb
rušit, zrušit abolish, cancel
různý various, different
růže (ž) rose
rvát tear
ryba fish
rychlý fast
rys feature
ryzí pure
řád rules and regulations
řada 1. row, series, rank, succession 2. turn
řádek, -dku line
řádka line
řádný 1. proper, official 2. upright, decent
řeč, -i (ž) 1. language 2. speech
ředitel, -e director
řeka river
řemeslo (handi)craft
řešení 1. solution 2. design
řešit, rozřešit/vyřešit 1. solve 2. design
řetěz chain
řezat (1.j. řežu) cut
říci see říkat
řídit 1. run, direct, conduct 2. drive
řiditel see ředitel
řídký rare
říkat, říci (1.j. řeknu, min. řekl) say, tell
    říkat komu co call sby sth
říše (ž) empire
řvát, zařvat (1.j. -řvu) roar, yell
s čeho from, down from
    s(e) kým čím with
sadit see sázet
sahat, sáhnout po čem reach out for

sám 1. myself, yourself, etc. 2. alone
samohláska vowel
samostatný independent
samota loneliness
samotný 1. alone 2. himself, herself, etc. 3. very
samozřejmý obvious
samý 1. nothing but 2. very
sázet, sadit 1. plant 2. bet
sbírat, sebrat (1.j. -beru) collect
sbohem good-by
sbor 1. corps, group 2. chorus
scéna 1. scene 2. stage
sebrat see sbírat
sedat si, sednout si sit down
sedět sit
sedlák (rich) peasant
sednout si see sedat si
sejít se see scházet se
selský peasant, country
sem here (with verbs of motion)
sen, snu dream
sestavovat, sestavit put together, assemble, compile
sestra 1. sister 2. nurse
sestřenice (ž) cousin
sešit notebook, exercise book
setkávat se, setkat se s kým meet
sever north
sevřít see svírat
seznam list
seznamovat, seznámit s kým čím introduce to
seznamovat se, seznámit se s kým čím meet, make the acquaintance of
shoda concord, harmony
shora from above
shořet see hořet
shromažďovat, shromáždit assemble (transitive)
shromažďovat se, shromáždit se assemble (intransitive)
scházet komu 1. be the matter 2. lack, be absent
scházet se, sejít se (1.j. -jdu se) get together, meet
schod step (of a staircase)
schopný (schopen) capable
schovávat, schovat hide, keep
schvalovat, schválit approve
schůze (ž) meeting
sic(e) it may well be that
síla (7.j. silou, 2.mn. sil) strength, power
silnice (ž) road
silný strong, powerful
síň, -e (ž) hall
sirotek, -tka (1.mn. -ci, -kové) orphan
síť, -e (ž) net

sjezd conference
skákat, skočit jump
skála (2.mn. skal) rock
skládat, složit 1. fold 2. compose 3. assemble
skládat se z čeho be composed of
skladatel, -e composer
skladba 1. composition 2. syntax
sklánět, sklonit bend, lower
sklenice (ž) glass, tumbler
sklep, -a cellar, basement
sklo glass
skloňovat decline (a noun)
skočit see skákat
skončit see končit
skoro almost
skromný modest
skrývat, skrýt (1.j. -kryji) hide
skrz co through
skříň, -e (ž) wardrobe, cabinet, locker
skupina group
skutečnost, -i (ž) reality, fact
skutečný real
skvělý splendid, magnificent
slabika syllable
slabý (sláb) weak
sladký sweet
sláma (2.mn. slam) straw
sláva 1. glory 2. hurrah!
slavit, oslavit celebrate
slavnost, -i (ž) festival, ceremony
slavný famous
slečna Miss, young lady
sledovat follow
slepý blind
slib promise
slibovat, slíbit promise
slitovávat se, slitovat se nad kým čím take pity on
sloh style
sloužit komu čemu serve
sloveso verb
slovíčko vocabulary word
slovník dictionary
slovo word
složit see skládat *fold, assemble, compre*
složitý complicated, complex
složka component, constituent part
sluha servant
slunce sun
slušet komu become, look well on sby
slušet se be proper, fitting
slušný 1. proper 2. decent
služba service
slyšet, uslyšet (3.mn. -í) hear
slza tear
smát se, zasmát se komu čemu (1.j. -směji, min. -smál) laugh at

směna 1. (work) shift 2. exchange
směr direction
směs, -i (ž) mixture
směšný ridiculous
smět be permitted to, may
smích laughter
smlouva treaty, contract
smrt, -i (ž) death
smutek, -tku 1. grief 2. mourning
smutný sad
smysl sense, meaning
snad perhaps
snadný easy, simple
snaha attempt, endeavor
snášet, snést (1.j. -nesu) endure, put up with
snáze comparative of **snadný**
snažit se try
snést see **snášet**
sněžit snow
snídaně (ž) breakfast
snídat have breakfast
sníh, sněhu snow
sníst see **jíst**
snít dream
socha statue
sotva scarcely
současný 1. contemporary 2. simultaneous
součást, -i (ž) component, integral part
soud 1. court of law 2. court case 3. opinion, judgment
soudce (m) judge
soudit be of the opinion, judge
soudobý contemporary
soudruh comrade (m)
soudružka comrade (f)
souhlas consent, agreement
souhlasit agree
souhláska consonant
soukromý private
sourozenci brothers and sisters, siblings
soused (1.mn. -é) neighbor
soustava system
soustřeďovat, soustředit concentrate (transitive)
   soustřeďovat se, soustředit se concentrate (intransitive)
soutěž, -e (ž) competition, contest
souviset s čím be connected, have to do with
souvislost, -i (ž) connection, context
spadnout see **padat**
spálit see **pálit**
spánek, -nku sleep
spát (1.j. spím, min. spal) sleep
spatřovat, spatřit catch sight of
spěchat hurry

spis writing, work
spisovatel, -e writer, author
spisovný literary, standard (language)
spíš(e) rather
splést si see **plést si**
spočívat na čem be based, rest on
spočívat v čem consist in
spojení connection
spojovat, spojit unite (transitive)
   spojovat se, spojit se unite (intransitive)
spokojený (spokojen) kým čím satisfied, content with
společenský social
společnost, -i (ž) society
společný common
spoléhat se, spolehnout se na koho co rely on
spolu together
spolupráce (ž) (7.j. -prací) cooperation
spor dispute
spousta a lot of
spouštět, spustit 1. lower 2. set in motion, start up
správa management, administration
spravedlivý just, fair
spravedlnost, -i (ž) justice
správný correct
sprcha shower
sprostý vulgar, common
spustit see **spouštět**
srdce heart
srdečný heartfelt
srov. (srovnej) cf.
srovnávat, srovnat compare
stačit (imperfective and perfective) 1. be enough 2. have enough (time, money)
stále 1. more and more 2. all the time
stálý constant
stanice (ž) station
stanovisko standpoint
stanovit fix, set
starat, postarat se o koho co 1. take care of 2. worry about
starost, -i (ž) worry, care
starosta (m) chief, head, mayor
starý (stár) old
stáří old age
stát state
stát (1.j. stojím, roz. stůj, min. stál) 1. stand 2. cost
   stát o co set great store by
   stát za co be worth
stát se see **stávat se**
stať, -i (ž) (mn.1.4. -i, 3. -ím, 7. -ěmi) essay, article
statečný brave
statek, -tku estate

stav 1. condition 2. estate, (social) class

stávat se, stát se (1.j. stanu se, min. stal se) become

stavba building

stavení building (especially in the country)

stavět, postavit stand, put, place (in a standing position)

stavět, vystavět build

stavět se k čemu take a position

stejně nevertheless, anyway

stejný same

stěna wall

stěžovat si na koho co complain about

stín shadow

stisknout see tisknout

stodola barn

století century

stopa trace

stoupat, stoupnout increase

strach před kým čím fear of

stráň, -e (ž) slope

strana 1. side 2. party (political) 3. page

stránka 1. page 2. side, aspect

strašlivý terrible

strašný terrible

strávit see trávit

stráž guard

stroj machine

strom tree

strop ceiling

stručný brief

strýc (1.mn. -ové) uncle

střed middle

středisko center

střední 1. middle 2. secondary (school) 3. neuter (gender

středověk Middle Ages

střecha roof

střelit see střílet

stříbro silver

střílet, střelit shoot

studený cold

studovat study

stůl, stolu table

stupeň, -pně degree

stydět se za koho co be ashamed of

styk contact, relation

suchý dry

sukně (ž) skirt

sůl, soli (ž) salt

surovina raw material

surový 1. raw 2. cruel

svátek, -tku holiday

svatý 1. holy 2. saint

svaz union

svázat see vázat

svazek, -zku 1. volume 2. alliance, coalition, league

svědčit bear witness, be a sign of, prove

svědek, -dka witness

svědomí conscience

svět, -a world

světlo light

světlý 1. light, bright 2. blond

svěží fresh

svíce (ž) candle

svírat, sevřít (1.j. sevřu, min. sevřel) squeeze

svítit shine

svlékat, svléci (1.j. svleču, min. svlekl) undress

svlékat se, svléci se get undressed

svoboda freedom

svobodný 1. free 2. single, unmarried

syn (1.mn. -ové) son

synovec, -vce nephew

sýr, -a cheese

šašek, -ška fool, jester

šátek, -tku kerchief

šaty, -ů (m.pomn.) 1. clothes 2. suit (for a man) 3. dress

šedivý gray

šedý gray

šeptat, zašeptat whisper

šero semidarkness

šetřit, ušetřit na co save up for

šetřit, ušetřit co spare

šetřit čím be sparing of, economical with

široko widely, broadly

široký wide

širší see široký

šíř(e) comparative of široko

šířit, rozšířit spread (transitive)

šířit se, rozšířit se spread (intransitive)

šít (1.j. šiji, min. šil) sew

škoda 1. damage 2. it's a pity

škodit, poškodit komu čemu do harm to

škola school

škrtat, škrtnout cross out

šlechta gentry, nobility, aristocracy

špatný bad

špička point, tip

špína dirt

špinavý dirty

šťastný (šťasten) happy

šťáva juice

štěstí 1. happiness 2. luck

tábor, -a camp

tabule (ž) 1. blackboard 2. pane of glass

tabulka chart, table

tady here

tahat (indeterminate) pull
táhnout (determinate) pull, stretch
   táhnout se extend, stretch (intransitive)
–tahovat (stem of prefixed verb of motion) pull
tajemník secretary, administrative head
tajemný mysterious
tajemství secret
tajný secret
tak 1. so, like this 2. yes 3. let's say
také/taky also, too
takový such, so (like) this, a
takřka almost
takže so that
talíř plate
tam there
tamten that (when explicitly contrasted with *this*)
tančit dance
tanec, -nce dance
táta, -y (m), tatík, tatínek, -nka (m) father, dad(dy), (endearing)
tázat se, otázat se (1.j. tážu se) na koho co ask about
téci (3.j. teče, min. tekl) flow
tečka period
teď now
tedy/teda 1. therefore, then 2. in other words
tehdejší of that time, then
tehdy at that time, then
technik engineer (without university training)
technika technology
tělesný physical
tělo body
téma, -tu (s) theme, subject
téměř almost
temný dark
ten this, that
tenhle this (when explicitly contrasted to *that*)
tenký thin
tento this (when explicitly contrasted to *that*)
tentýž same (literary)
teplý warm
teprv(e) not until
těsný 1. close 2. tight
těšit, potěšit make happy, give pleasure to
   těšit se, potěšit se z čeho derive pleasure from, enjoy
těšit, utěšit comfort
teta aunt
též also (literary)
těžký 1. heavy 2. difficult

těžší comparative of **těžký**
tichý quiet
tisk the press
tisknout, stisknout press, squeeze
tisknout, vytisknout print
tíže comparative of **těžko**
tj. (to jest) that is, i.e., in other words
tlačit push, shove (transitive)
   tlačit se push, shove (intransitive)
tlak pressure
tlouci (1.j. tluču, min. tloukl), udeřit/ uhodit beat, strike
tlumočit interpret
tlustý thick, fat
tma darkness
tmavý dark
točit, otočit turn (transitive)
   točit se, otočit se turn (intransitive)
tolik so much, so many
totiž that is to say, you see, the reason is
touha desire, yearning
toužit po kom čem long for
továrna factory
tramvaj, -e (ž) tram
trápit annoy, worry (transitive)
   trápit se worry (intransitive)
trapný embarrassing, painful
tráva (2.mn. trav) grass
trávit, strávit spend (time)
trest punishment
trestat, potrestat punish
trh market
trhat, trhnout čím pull, yank sth
   trhat, roztrhat tear, rip (transitive)
   trhat se, roztrhat se tear, rip (intransitive)
trochu a little, a bit
trpělivý patient
trpět (3.mn. -í) tolerate
   trpět čím suffer from
trpký 1. bitter 2. tart
trpný passive
trvalý (long) lasting
trvat last
   trvat na čem insist on
třást, zatřást čím (1.j. třesu, min. třásl) shake (transitive)
   třást se, zatřást se shake, shudder (intransitive)
třeba 1. (it is) necessary 2. let's say, perhaps 3. even though
třebas see **třeba** meanings 2 and 3
třebaže see **třeba** meaning 3
třída 1. class (in school) 2. (social) class 3. avenue
třít (1.j. třu, min. třel) rub
tu 1. here 2. suddenly

tudíž consequently
  tudy in that direction, there
tuhý 1. stiff 2. tough
tušit have an inkling
tužka pencil
tvar form
tvář, -e (ž) 1. face 2. cheek
tvářit se, zatvářit se (smutně, vesele)
  look (sad, cheerful)
tvor creature
tvorba creation
tvořit, vytvořit create
tvrdit maintain, assert
tvrdý hard, solid
tvůrčí creative
týden, -dne week
tykat komu use the *ty* form with sby
týkat se koho čeho (3.j. -ká, -če) concern
typ type
tzv. (tak zvaný) so-called
u koho čeho 1. close to 2. at the
  house/office of
ubližovat, ublížit komu hurt, insult sby
ubohý wretched, miserable
ubránit see **bránit**
ubytovat accommodate, house
ubývat čeho (impersonal) decrease
úcta regard, reverence
účast, -i (ž) participation
účastnit se, zúčastnit se čeho participate
  in
učebnice (ž) textbook
účel purpose, end
učení 1. doctrine 2. apprenticeship
účet bill, account
účinek, -nku effect
učinit see **činit**
účinný effective, efficient
učit, naučit koho čemu teach sby sth
  učit se, naučit se čemu co study,
  learn sth
učitel, -e teacher (m)
učitelka teacher (f)
údaj datum, figure, fact
údajný supposed
událost, -i (ž) event
udát se see **dít se**
udělat see **dělat**
úder blow
udeřit see **bít** or **tlouci**
údolí valley
udržovat, udržet keep up, maintain
uhlí coal
uhodit see **bít** or **tlouci**
uhodnout see **hádat**
ucho (1.mn. uši, 2. uší, 3. uším, 7. ušima)
  ear
uchopit see **chápat**

uchránit see **chránit**
ujišťovat, ujistit assure
ukazovat, ukázat (1.j. -kážu) show
ukládat, uložit 1. assign 2. put, place
úkol 1. task, job 2. exercise, homework
úleva relief
ulice (ž) street
úloha 1. assignment 2. role
uložit see **ukládat**
umělec, -lce artist (m)
umělkyně (ž) (2.mn.-yň) artist (f)
umělý artificial
umění art
umět know how
umírat, umřít (1.j. umřu, min. umřel)
  die
umožňovat, umožnit komu co make sth
  possible for sby, enable sby to do sth
umřít see **umírat**
úmysl intention
unavený (unaven) tired
unikat, uniknout escape
univerzita university
upéci see **péci**
uplatňovat, uplatnit 1. put into practice
  2. make full use of, make felt
úplný complete
uplynout see **plynout**
upozorňovat, upozornit bring to the at-
  tention of, let know
úprava arrangement, layout, form
upravovat, upravit adjust, regulate
uprostřed čeho in the middle of
upřímný sincere
urážet, urazit offend
určitý definite
určovat, určit determine
úroveň, -vně (ž) level
úryvek, -vku excerpt
úřad office, official organ
  úřady (m.mn.) authorities
úřední official
úředník civil servant
usazovat, usadit seat (transitive)
  usazovat se, usadit se 1. sit down 2.
  settle (intransitive)
usedat, usednout sit down
úsek section, segment
úsilí effort, pains
usilovat o co work hard toward
usínat, usnout fall asleep
uskutečňovat, uskutečnit carry out, put
  into action
  uskutečňovat se, uskutečnit se come
  true, become a reality
uslyšet see **slyšet**
usmát se see **usmívat se**
úsměv smile

usmívat se, usmát se na koho (1.j. -směji, min. -smál) smile at
usnout see **usínat**
úspěch success
uspokojovat, uspokojit satisfy
uspořádat see **pořádat**
ústa (s.pomn.) mouth
ústalený fixed, set
ústav institute, institution
ústava constitution
ústřední central
útéci see **utíkat**
útěk escape
utěšit see **těšit**
utíkat, utéci run away, escape
útočit, zaútočit attack
útok attack
utrácet, utratit spend
utrpení torment, agony
útvar formation, form
uvádět, uvést (1.j. -vedu, min. -vedl) 1. introduce, show 2. cite
úvaha 1. consideration, thought, reflection 2. essay
uvařit see **vařit**
uvažovat, uvážit think over, take into account
uvědomovat si, uvědomit si realize, be/become aware of
uvěřit see **věřit**
uvést see **uvádět**
uvidět see **vidět**
uvnitř čeho inside
uvolňovat, uvolnit release, loosen, relieve
uzavírat, uzavřít (1.j. -vřu, min. -vřel) 1. close, lock up, close off, enclose 2. conclude (a treaty, deal)
území territory, area
úzkost, -i (ž) anguish, anxiety
úzký narrow
uznávat, uznat recognize, acknowledge
už already
   už ne no longer
užasnout see **žasnout**
úžasný amazing, unbelievable
úže comparative of **úzký**
užitečný useful
užívat, užít (1.j. -žiji) co čeho use
v (ve) co into (with verbs of motion)
v (ve) čem in
vada defect
–vádět (stem of prefixed imperfective verb of motion) take (sby somewhere)
vadit komu bother sby
   nevadí to it doesn't matter
váha (2.mn. vah) 1. weight 2. scale
váhat, zaváhat hesitate

válečný wartime, of war
válka war
vánoce, vánoc (ž.pomn.) (3. -cům, 6. -cích, 7. -cemi) Christmas
   o vánocích at Christmastime
varovat před kým čím warn about
   varovat se čeho guard against
vařit boil
   vařit, uvařit cook
vášeň, -šně (ž) passion
vázat (1.j. -žu, -ži) bind, link, tie
–vážet (stem of prefixed imperfective verb of motion) transport (by vehicle), carry
vážit weigh (transitive and intransitive)
   vážit si koho čeho respect
vážný serious
včas on time
včera yesterday
včetně koho čeho including
vdávat se, vdát se za koho marry sby (of a woman)
vděčný (vděčen) grateful
věc, -i (ž) 1. thing 2. matter, cause
věcný 1. concrete 2. objective
večer, -a (in the) evening
večeře (ž) supper (a light evening meal)
večeřet have supper
věčnost, -i (ž) eternity
věčný eternal
věda science, scholarship
vědecký scientific, scholarly
vedení leadership
vědět (1.j. vím, 3.mn. vědí, roz. věz) know
vedle koho čeho beside
vedlejší secondary
vědomí consciousness
vědomosti (ž.pomn.) knowledge
vědomý (vědom) conscious
vedoucí 1. leading 2. (adj. used as noun) head, chief
vejce (2.mn. vajec) egg
věk age
velice very
velikonoce, -noc (ž.pomn.) (3. -cům, 6. -cích, 7. -cami) Easter
   o velikonocích at Eastertime
velikost, -i (ž) size
veliký large, big
velitel, -e commander
velkolepý magnificent
velký large, big
velmi very
ven outside (with verbs of motion)
venkov, -a country (as opposed to city)
venku outside
věnovat devote
věrný faithful

verš line (poetry), verse
veřejný public
věřit, uvěřit komu čemu believe
  věřit v koho co believe in
ves, vsi (ž) village
veselý cheerful
vesnice (ž) village
vést (1.j. vedu, min. vedl) lead
věšet, pověsit hang (transitive)
veškerý all, all types of
věta sentence
větev, -tve (ž) branch
větší comparative of velký
většina the majority
  většinou mostly
vevnitř inside
vévoda (m) duke
vězeň, -zně (m) prisoner
vězení prison
vézt (1.j. vezu, min. vezl) carry, trans-
  port (by vehicle)
věž, -e (ž) tower
vhodný suitable
vchod entrance
víc(e) comparative of mnoho
vid aspect (grammar)
viď, viďte don't you think so?
vidět, uvidět (3.mn. -í) see
vila 1. private house 2. villa
vina guilt
víno wine
viný (vinen) guilty of
víra (2.mn. věr) faith
viset (3.mn. -í) hang (intransitive)
vítat kde welcome to somewhere
vítězit, zvítězit nad kým conquer, be vic-
  torious
vítězství victory
vítr, větru wind
vkládat, vložit insert, deposit
vkus taste, liking
vláda government
vladař ruler
vládnout rule, govern, prevail
vlak train
vlas (strand of) hair
vlast, -i (ž) native country
vlastenec, -nce patriot
vlastně anyway, really
vlastní 1. own 2. actual, genuine
  vlastní čemu characteristic of
vlastnit own
vlastnost, -i (ž) property, feature
vlevo on/to the left
vlhký damp, humid
vlídný kind, good
vliv na koho co influence on
vlna 1. wave 2. wool

vložit see vkládat
vnější external
vnikat, vniknout do čeho penetrate sth
vnímat perceive
vnitřní internal
voda water
vodit (indeterminate) take sby some-
  where
voják soldier
vojenský military
vojna military service
vojsko army, troops
volat, zavolat komu call (on the tele-
  phone)
volat, zavolat (na) koho call out to
volba choice
  volby, -leb (ž.pomn.) election
volit, zvolit choose, elect
volný free, vacant
vonět have a pleasant fragrance
vousy, -ů (m.pomn.) beard and/or mus-
  tache
vozit (indeterminate) carry, transport
  (by vehicle)
vpravo on/to the right
vpřed forward
vpředu in the front
vracet, vrátit return (transitive), take
  back, bring back
  vracet se, vrátit se return (intransi-
  tive), go back, come back
vrata (s.pomn.) gate
vrátit (se) see vracet (se)
vrhat, vrhnout fling, cast
vrch hill
vrchní (m) (head)waiter
vrchol peak, height
vrstva layer, stratum
vskutku actually, indeed
vstávat, vstát (1.j. vstanu) get up
vstoupit see vstupovat
vstříc komu čemu toward
vstupovat, vstoupit do čeho 1. enter
  2. join sth
všade everywhere
však 1. (as an enclitic) but 2. after all
všední every day
všechen all
  beze všeho Go right ahead.
všelijaký all kinds of
všeobecný general
všímat si, všimnout si koho čeho notice
všude everywhere
vteřina second
vtip 1. wit 2. joke, anecdote
vtom suddenly, at that moment
vůbec 1. at all 2. altogether, in gen-
  eral

vůči komu čemu with respect to, as compared with
vůdce (m) leader
vůl, vola ox
vůle (ž) will
vůz, vozu car
výběr choice, selection
vybírat, vybrat (1.j. -beru) choose
výbor 1. committee, board 2. anthology
výborný excellent
vybrat see vybírat
vybudovat see budovat
výbuch explosion
vyčerpávat, vyčerpat exhaust
vydávat, vydat put out, publish
   vydávat se, vydat se na co start off
vydělávat, vydělat earn
vydržet (perfective) hold out, bear
vyhazovat, vyhodit throw out
výhled viewpoint, point of view
vyhnout se see vyhýbat se
výhoda advantage
vyhodit see vyhazovat
vyhovovat, vyhovět komu suit, be fine with
výhrada reservation, condition
vyhrávat, vyhrát (1.j. -hraji) win
vyhýbat se, vyhnout se komu čemu avoid
vycházet, vyjít z čeho (1.j. -jdu) 1. base one's argument on 2. follow from
východ 1. exit 2. east
výchova upbringing
vychovávat, vychovat bring up (a child)
vyjadřovat, vyjádřit express
výjimka z čeho exception to
vyjít see vycházet
vykat komu use the vy form with sby
výklad 1. shop window 2. explanation, interpretation
vykládat, vyložit explain, expound
vykonávat, vykonat perform, do
výkon performance, output
vykoupat se see koupat se
výlet excursion
vylíčit see líčit
vyloučit see vylučovat
vyložit see vykládat
vylučovat, vyloučit exclude
vyměnit see měnit
výmluva excuse, pretext
vymýšlet, vymyslet (3.mn. -í) think up
vynalézať, vynalézt (1.j. -leznu) invent
vynechávat, vynechat (roz. -nech) leave out, omit
vynikající outstanding
vypadat have the look of, appear
   vypadá zdravě he looks healthy
vypít see pít

vyplývat, vyplynout z čeho follow from, be a consequence of
výprava 1. expedition 2. design
vyprávět tell, relate
vypravovat tell, relate
vypravovat, vypravit send off, dispatch
vypůjčovat si, vypůjčit si borrow
vyrábět, vyrobit manufacture, produce
výraz expression
vyrazit see vyrážet
výrazný 1. typical 2. clear, salient
vyrážet, vyrazit 1. knock out 2. start off, set out
výroba production
výrobek, -bku product
vyrobit see vyrábět
výrok statement
vyrovnat see rovnat
vyrůstat, vyrůst (1.j. -rostu) grow up
vyrušit see rušit
vyřešit see řešit
vyřizovat, vyřídit 1. take care of, settle 2. leave, deliver (a message)
výsada privilege
vysílat, vyslat (1.j. -šlu) broadcast
vyskytovat se, vyskytnout se arise, come up, crop up
výsledek, -dku result
vyslat see vysílat
vyslovovat, vyslovit 1. pronounce 2. express, voice
vysokoškolský university (adj.)
vysoký tall, high
výstava exhibition, exposition
výstavba construction
vystavět see stavět
vystupovat, vystoupit make an appearance
   vystupovat, vystoupit z čeho get off
vysvětlovat, vysvětlit explain
vyšetřovat, vyšetřit examine, investigate
výše comparative of vysoko
výška height
vyšší comparative of vysoký
výtečný excellent
vytisknout see tisknout
vytvořit see tvořit create
vyučování 1. instruction, teaching 2. class
vyučovat koho čemu/co teach
využívat, využít (1.j. -žiji) čeho make full use of, take advantage of
vyvíjet se, vyvinout se develop
vývoj development
vyvolávat, vyvolat provoke, call forth, cause
výzkum research
význam meaning, significance

významný significant
výzva challenge
vyžadovat (si) require, call for
vzácný rare, precious
vzadu in back
vzájemný mutual
vzbudit see budit
vzdálený distant
vzdávat se, vzdát se čeho give up sth
vzdechnout see vzdychat
vzdělání education
vzdor čemu in spite of
vzdorovat komu čemu defy, withstand
vzduch air
vzdychat, vzdechnout sigh
vzhled appearance
vzhledem ke komu čemu in view of, owing to
vzhůru 1. up(wards) 2. awake
vzít (si) see brát (si)
vzkaz message
vzkazovat, vzkázat (1.j. -kážu) send a message
vznešený elevated, sublime, noble
vznikat, vzniknout arise, come into being
vzor pattern, model
vzpomínat (si), vzpomenout (si) (min. vzpomněl) na koho co recall
vzpomínka reminiscence, remembrance
vzrušovat, vzrušit excite, stir up
vztah relationship, relation
vztek rage
vždy/vždycky always
vždyť why, but, after all, you know
z čeho 1. from, out of 2. made of
za koho co 1. behind (with verbs of motion) 2. (in exchange) for 3. after
za koho čeho in the course of
za kým čím behind, beyond
za prvé in the first place
zabalit see balit
zábava entertainment, fun
zabíjet, zabít (1.j. -biji) kill
zabránit see bránit
zabývat se kým čím deal with, be concerned with
začátek, -tku beginning
začínat, začít (1.j. -čnu, min. -čal) begin
záda (s.pomn.) back (part of the body)
zadarmo free, gratis
zadní hind, back
záhada riddle, puzzle
zahajovat, zahájit begin, inaugurate, open
zahnout see zahýbat
zahrada garden
zahraniční foreign
zahýbat, zahnout turn (to the right, left)

zahynout see hynout
zacházet s kým treat sby (well, badly)
záchod lavatory
zachovávat, zachovat keep, preserve
zachraňovat, zachránit před čím save from
zachvět se see chvět se
zájem, -jmu interest
zajímat interest
    zajímat se o koho co be interested in
zajímavý interesting
zajisté to be sure
zajišťovat, zajistit safeguard
zájmeno pronoun
zakazovat, zakázat (1.j. -káži) forbid
základ basis, stem
zakládat, založit found
základní fundamental
zaklepat see klepat
zákon, -a a law
záležet na kom čem (3.mn. -leží) depend on
    záležet v čem consist in
záležitost, -i (ž) matter, affair
založit see zakládat
zámek, -mku 1. lock 2. castle
zaměňovat, zaměnit čím replace by
záměr intention
zaměřovat, zaměřit na koho co aim at
zaměstnávat, zaměstnat 1. occupy 2. employ
zamilovávat se, zamilovat se do koho fall in love with
zanechávat, zanechat (roz. zanech) leave
zánik fall, extinction
zanikat, zaniknout become extinct, disappear, cease to be
západ west
zápas o co 1. fight, struggle for 2. match
zapírat, zapřít (1.j. zapřu, min. zapřel) deny
zapisovat, zapsat (1.j. -píšu) note down
zaplatit see platit
zaplést se see plést se
zapomínat, zapomenout (min. zapomněl) forget, leave behind
    zapomínat, zapomenout na koho co forget, stop thinking about
záporný negative
zapotřebí necessary
zapřít see zapírat
zapsat see zapisovat
způsobit see působit
zarážet, zarazit do koho čeho 1. knock into 2. stop, check 3. startle
zároveň at the same time
zaručovat, zaručit ensure, guarantee
zářit shine, beam

zařízení equipment
zařizovat, zařídit 1. arrange 2. equip
zas see zase
zásada principle
zasahovat, zasáhnout do čeho interfere, intervene in
zase 1. again 2. on the other hand
zasloužit (si) (imperfective and perfective) deserve
zásluha o co merit, credit
zasmát se see smát se
zásoba supply, stock
zastavovat, zastavit stop (transitive)
   zastavovat se, zastavit se stop (intransitive)
zastoupit see zastupovat
zástup crowd
zástupce (m) substitute, representative
zastupovat, zastoupit 1. substitute for 2. represent
zásuvka drawer
zašeptat see šeptat
zatím 1. for the time being 2. however
zatímco while
zato on the other hand
zatřást (se) see třást (se)
zatvářit se see tvářit se
zaujímat, zaujmout (1.j. zaujmu, min. zaujal) 1. occupy 2. captivate
zavádět, zavést (1.j. -vedu, min. -vedl) establish, introduce
zaváhat see váhat
zavazovat, zavázat (1.j. -žu, -ži) oblige
závěr conclusion
zavést see zavádět
závidět komu (3.mn. -í) envy
zavírat, zavřít (1.j. zavřu, min. zavřel) close
závislý dependent
závod 1. works, factory 2. race
zavolat see volat
zavřít zavírat
zaznít see znít
zazpívat see zpívat
zázrak miracle
zazvonit see zvonit
zážitek, -tku experience
zažívat, zažit (1.j. -žiji) 1. experience 2. digest
zbabělý cowardly
zbavovat, zbavit něčeho deprive of
   zbavovat se, zbavit se čeho get rid of
zbláznit se (perfective) go crazy
zboží goods, merchandise
zbraň, -e (ž) weapon
zbýt see zbývat
zbytečný useless
zbytek, -tku remainder, remnant

zbývat, zbýt (1.j. -budu) be left over
zcela completely, absolutely
zčásti partly
zda(li) whether
zdánlivý apparent
zdát se komu (3.j. zdá, min. zdálo) 1. seem 2. dream
zde here
zdědit see dědit
zdola from below
zdraví health
zdravit, pozdravit greet
zdravý (zdráv) healthy
zdroj source
zdržovat, zdržet (3.mn. -í) hold back
zdůrazňovat, zdůraznit stress
zdvihat, zdvihnout lift, raise, pick up
zdvořilý polite
zeď, zdi (ž) wall
zejména especially
zelenina vegetable
zelený green
země (ž) 1. earth 2. country
zemědělství agriculture
zemřít (1.j. zemřu, min. zemřel) (perfective) die
zeptat se see ptát se
zhasnout see hasnout
zhodnotit see hodnotit
zhoršovat, zhoršit grow worse
zima 1. winter 2. cold
zisk profit
získávat, získat acquire
zítra tomorrow
zjev 1. phenomenon 2. figure
zjišťovat, zjistit ascertain, find out
zkazit see kazit
zklamaný disappointed
zklamat see klamat
zkoumat, prozkoumat investigate
zkoušet, zkusit test, try out, try on, taste
zkouška z čeho 1. examination in sth 2. rehearsal
zkrátit see krátit
zkrátka in short
zkusit see zkoušet
zkušenost, -i (ž) experience
zlato gold
zlepšovat, zlepšit improve
zlo evil
zloba anger
zlobit, rozzlobit annoy
   zlobit se, rozzlobit se na koho be/get angry with
zločin crime
zlomit see lámat
zlost, -i (ž) anger, fury
zlý evil, wicked

zmást   see **mást**
zmatek, -tku   confusion, mess
změna   change
změnit   see **měnit**
zmenšovat, zmenšit   lessen (transitive)
   zmenšovat se, zmenšit se   decrease
   (intransitive)
změřit   see **měřit**
zmiňovat se, zmínit se o kom čem   mention
zmizet   see **mizet**
zmrznout   see **mrznout**
zmýlit se   see **mýlit se**
značný   considerable
znak   sign
znalec, -lce   expert
znalost,-i (ž)   knowledge
znamenat   mean
znamení   sign
znamenitý   1. excellent   2. prominent
známka   1. stamp   2. grade, mark
známý (znám)   well-known
známý   acquaintance
znát   know, be acquainted with
zničit   see **ničit**
znít, zaznít (min. zněl)   1. sound, resound
   2. run, read (of a text)
znova/znovu   again
zoufalý   desperate
zoufat si nad čím   be in despair over
zpaměti   by heart, from memory
zpátky/zpět   back
zpěv   singing, song
zpívat, zazpívat   sing
zpráva   1. piece of news, piece of information   2. report
zpravidla   as a rule, generally
zprvu   at first
způsob   1. way, manner   2. mode
způsobit   see **působit** *těsch, work*
zrada   treason, betrayal
zrádce (m)   traitor
zrak   1. sight, eyesight   2. gaze   3. eye
zralý   ripe, mature
zranit   see **ranit**
zrcadlo   mirror
zrovna   exactly, just
zrušit   see **rušit**
zřejmý   apparent
zřetel na co/k čemu   regard, respect to
zřetelný   distinct
zřídka   seldom, rarely
zřízení   (social) system
ztrácet, ztratit   lose, waste
ztráta   waste, loss
zub   tooth
zúčastnit se   see **účastnit se**

zůstávat, zůstat (1.j. -stanu)   stay, remain
zvát, pozvat (1.j. zvu, min. zval)   1. invite   2. call
zvedat, zvednout   pick up, life
zvědavý (zvědav)   curious
zvednout   see **zvedat**
zvenčí   from outside
zvěř, -e (ž)   (wild) animals
zvětšovat, zvětšit   enlarge, increase (transitive)
   zvětšovat se, zvětšit se   increase (intransitive)
zvíře, -te   animal
zvítězit   see **vítězit**
zvlášť   1. especially   2. separately
zvláštní   special, particular, strange
zvolat   see **volat**
zvolit   see **volit**
zvolna   slowly
zvon   bell
zvonit, zazvonit   ring
zvuk   1. sound   2. tone
zvyk   habit
zvykat si, zvyknout si na koho co   get used to
zvyklý na koho co   used to
zvyknout si   see **zvykat si**
zvyšovat, zvýšit   increase
žádat, požádat o co   request
žádný   no, none
žádost, -i (ž)   1. request   2. application
žák   pupil, school child
žalovat, obžalovat z čeho   accuse of
žárlit   be jealous
žasnout, užasnout   be astonished
že   1. that   2. isn't that right?
žebřík   ladder
železnice (ž)   railroad
železo   iron
žena   1. woman   2. wife
ženit se, oženit se   get married
   ženit se, oženit se s kým   marry sby
   (of a man)
ženský   feminine
žert   joke
žid (1.mn. -é)   Jew
židle (ž)   chair
žít (1.j. žiji, min. žil)   live
živel, -vlu   element
živit   feed, nourish
   živit se   earn one's living
život, -a   life
životný   (grammatically) animate
živý (živ)   1. alive   2. lively
žízeň, -zně (ž)   thirst
žlutý   yellow
žvanit   jabber